DIÓGENES LUCCA

SUPER PERFORMANCE

Lições das TROPAS DE ELITE APLICADAS AO MUNDO CORPORATIVO

COPYRIGHT © FARO EDITORIAL, 2021
Todos os direitos reservados.
Nenhuma parte deste livro pode ser reproduzida sob quaisquer meios existentes sem autorização por escrito do editor.

Diretor editorial PEDRO ALMEIDA
Coordenação editorial CARLA SACRATO
Preparação DANIELA TOLEDO
Revisão DANIEL RODRIGUES AURÉLIO E VALQUÍRIA DELLA POZZA
Capa e diagramação OSMANE GARCIA FILHO

Dados Internacionais de Catalogação na Publicação (CIP)
Angélica Ilacqua CRB-8/7057

Lucca, Diogénes
  Super performance / Diogénes Lucca. — São Paulo:
— São Paulo: Faro Editorial, 2021.
  192 p.

  ISBN 978-65-86041-98-9

  1. Sucesso 2. Desempenho 3. Sucesso nos negócios 4. Liderança I. Título

21-1136   CDD 158.1

Índice para catálogo sistemático:
1. Sucesso

1ª edição brasileira: 2021
Direitos de edição em língua portuguesa, para o Brasil, adquiridos por FARO EDITORIAL

Avenida Andrômeda, 885 — Sala 310
Alphaville — Barueri — SP — Brasil
CEP: 06473-000
www.faroeditorial.com.br

SUMÁRIO

APRESENTAÇÃO   7
A BUSCA CONSTANTE PELA EXCELÊNCIA   13

INTRODUÇÃO   15

1. **EMPRESA DE ALTA PERFORMANCE**   23

2. **TROPA DE ELITE, A ORIGEM:
   DA ANTIGUIDADE AOS TEMPOS ATUAIS**   27

3. **OS VALORES DE UMA TROPA DE ELITE**   39

4. **GESTÃO DE PESSOAS "À MODA CAVEIRA"**   87

5. **ASPECTOS DE LIDERANÇA EM UMA
   EMPRESA DE ALTA PERFORMANCE**   97

6. **VIRTUDES IMPORTANTES PARA UM LÍDER**   103

CONSIDERAÇÕES FINAIS   141

APRESENTAÇÃO

Atitudes de uma pessoa de alta performance

É importante compreendermos que há tipos variados de pessoas no mundo. Diversos estudos indicam distintas personalidades e comportamentos humanos e, quase consensualmente, distinguem pessoas regulares das de alta performance. As regulares são maioria. Nascem, crescem e vivem para ser comandadas. Costumam cumprir seus horários de atividades e entregam resultados básicos. Mas há outras que nos surpreendem, são ativas, criativas, construtivas, empreendedoras, pensam além do elementar, comandam. Essas lideram pelo seu modelo de relacionamento nas suas atividades e com o mundo. São pessoas de alta performance. Destacam-se facilmente das demais.

Isso me faz recordar de uma metáfora que consegue ilustrar bem a diferença entre essas pessoas. A história "As laranjas de Steven e Michael" nos ajuda a reconhecer e diferenciar esses atributos.

Steven, um antigo funcionário de uma empresa, soube que Michael, seu colega de trabalho, um novato, havia recebido um aumento considerável de salário, e por isso ficou muito triste, sentiu-se desprestigiado e decepcionado com o Dr. Franco, o diretor da empresa. Após um bom tempo tentando digerir o desconforto, não suportou e foi ter uma conversa com ele. Disse-lhe que achava injusto não ter recebido o aumento salarial concedido a Michael, uma vez que era um funcionário mais antigo e exemplar na empresa.

Dr. Franco pacientemente o ouviu, mas não lhe respondeu. Apenas lhe pediu um favor:

— Sr. Steven, está vendo aquele caminhão lá do outro lado da rua? É de um vendedor de laranjas, e eu gosto muito de laranjas. O senhor poderia ver o preço das laranjas para mim?

Tentando agradar o chefe, mas, ao mesmo tempo, contrariado por não ter a resposta sobre o aumento salarial, Steven foi ver o preço da laranja.

— Chefe, já fui lá ver. O vendedor disse que a dúzia de laranjas custa cinco reais.

— Sr. Steven, e se eu comprar dez dúzias de laranjas, qual será o preço que o homem faz? Você pode verificar? — o Dr. Franco perguntou.

Mais uma vez, Steven ficou indignado com o diretor, pois este não lhe falou nada sobre o aumento e ainda o fez voltar até o vendedor. Dizia consigo mesmo: "Por que o diretor não perguntou tudo de uma vez?". Mas foi e perguntou o preço de dez dúzias de laranjas e retornou ao chefe.

— Oi, chefe, o vendedor disse que dez dúzias saem por quatro e cinquenta cada.

— Sr. Steven, gosto muito de laranjas e estou interessado em comprá-las! E se eu comprar toda a carga de laranja do caminhão, a que preço ele me fará cada dúzia?

Steven quase explodiu. Ele teria de ir até lá e perguntar novamente. Parecia que o diretor estava querendo fugir do assunto sobre o aumento salarial, pensava. Mesmo irritado, foi até lá, perguntou ao dono do caminhão e voltou:

— Chefe, se o senhor comprar toda a carga, ele vai vender a dúzia a três e oitenta.

APRESENTAÇÃO

Calmamente, Dr. Franco o agradeceu e lhe pediu que se sentasse, aguardasse um pouco no local e, pelo interfone, avisou à secretária que chamasse Michael, funcionário que havia tido o aumento salarial. Sorridente, Michael chegou e cumprimentou o diretor:

— Bom dia, Dr. Franco. O senhor mandou me chamar, estou às ordens.

— Sr. Michael, está vendo aquele caminhão lá do outro lado da rua? É de um vendedor de laranjas e eu gosto muito de laranjas. O senhor poderia ver o preço das laranjas para mim?

— Sim, senhor — disse Michael, que rapidamente saiu e voltou com meia dúzia de laranjas debaixo do braço e, muito animado, foi logo dizendo: — Dr. Franco, o preço de uma dúzia de laranjas custa cinco reais. Mas, se o senhor comprar dez dúzias ou mais, ele pode dar um desconto e vender a quatro e cinquenta a dúzia. Já se o senhor quiser comprar toda a carga do caminhão, ele pode fazer a três e oitenta a dúzia. Então dei uma "choradinha" e ele disse que pode diminuir para três e cinquenta a dúzia se o senhor pagar à vista. Ele possui duzentas dúzias disponíveis e entrega onde o senhor quiser. Então eu disse ao vendedor que o meu patrão estava interessado em laranjas e, provavelmente, gostaria de saber se elas estavam docinhas. Então, o vendedor me deu meia dúzia como amostra grátis para o senhor avaliar a qualidade.

— Sr. Michael, muito obrigado. Pode se retirar agora, por favor — disse o Dr. Franco.

— Pois não, senhor, estou às ordens — falou Michael, sorrindo, e voltou ao serviço.

O Sr. Steven, que a tudo assistira, olhou para o Dr. Franco. Nenhuma palavra foi dita.

— Sr. Steven, ainda deseja saber o motivo do aumento salarial do outro funcionário?

— Não precisa mais responder, Dr. Franco. Eu já aprendi a lição.

Steven retirou-se, triste, mas ao mesmo tempo envolto no pensamento em ser um novo homem e de atitudes melhores.

Diógenes Lucca discorre acerca das ferramentas comportamentais e atitudes que caracterizam uma pessoa de alta performance.

Com sua experiência em diversas atividades, pessoais e profissionais, extrai pontualmente lições aprendidas ao longo de sua carreira, especialmente no comando de operações e de tropas policiais especiais e de elite. Aqui são revelados atributos que podem ser apreendidos e praticados, proporcionando incríveis transformações na vida do leitor desta obra. Um resultado regular é diferente de um resultado de alta performance. Mais que isso. Uma pessoa regular é diferente de uma pessoa de alta performance. Ser um profissional melhor, um marido ou esposa melhor, um filho ou filha melhor, um estudante melhor, enfim, são muitas aplicações no dia a dia.

Caro leitor, certamente este compêndio de pensamentos inspiradores impulsionará novas atitudes frente ao seu trabalho e à sua vida. Assim como a metáfora do Dr. Franco, Sr. Steven e Sr. Michael, esta leitura poderá influenciá-lo a se tornar um membro da tropa de elite da sua empresa e da sua própria vida para uma alta performance!

Parabenizo o meu amigo e mais que irmão Lucca por mais esta audaciosa contribuição à sociedade. Ele é incansável quando trata do assunto alta performance, quer seja nas suas palestras presenciais ou a distância, nas orientações estratégicas, nas operações que comanda e até mesmo nos bons momentos de lazer com familiares e amigos. Um apaixonado pelo tema. Desejo a você, leitor, uma excelente viagem pelo mundo do conhecimento sob a lente de quem efetivamente entende do assunto.

Boa leitura!

ROBERTO ZAPOTOCZNY COSTA
Sócio da *The First Consultoria* e professor da
FIA — Fundação Instituto de Administração

ALTA PERFORMANCE NÃO É PARA TODOS, MAS PODE SER PARA VOCÊ.

Traçar paralelos entre a atividade profissional e o mundo corporativo é relativamente simples, e há material em abundância nas livrarias e na internet, muitas vezes escrito por profissionais sem a experimentação prática das adversidades e a pressão do mundo real.

O que diferencia esta obra é a experiência prática do autor que por 11 anos vivenciou o dia a dia de uma tropa de elite, sendo sete deles no comando, responsável por decisões que implicaram na vida ou na morte de seres humanos.

Ambiente de "pegada dura", em que não há margem para fazer o "mais ou menos", em que "fazer mais com menos" é a regra o tempo todo. Fazer o certo é o certo a se fazer e nunca se acomodar com apenas 99% bem-feito.

Um ambiente em que seguir as regras de compliance é a rotina, hierarquia é respeitada e o senso de pertencimento e o voluntariado são pré-requisitos dos seus colaboradores e integrantes.

É desse ambiente que o autor Diógenes Lucca extrai com maestria os ensinamentos e as experiências enriquecedores, aplicáveis às empresas e equipes de alta performance.

Essa é a vida real, dura, implacável, em que o conflito é mais comum do que a harmonia e o entendimento, e saber lidar com isso é fundamental para nos tornarmos pessoas melhores, mais disciplinadas, treinadas e orientadas para lidarmos com os conflitos, com competência e comprometimento com os resultados, afinal, missão dada é missão cumprida!

Cada página desperta a curiosidade para a próxima, levando-nos a novos aprendizados e conhecimentos. Dessa forma, este livro deve ser devorado e depois relido, para nos relembrar das características que nos tornam especiais, diferenciados, únicos.

Alta performance definitivamente não é para todo mundo, mas se você quer se destacar, estar acima da média, investir em você mesmo, instigar sua criatividade, trilhar caminhos que ninguém havia imaginado, chegar primeiro e cumprir seu objetivo sem queimar etapas que o forjarão na fornalha dos campeões, este livro é para você!

KLEBER REIS
Empresário, Palestrante,
Especialista em Segurança Eletrônica

A BUSCA CONSTANTE
PELA EXCELÊNCIA

Tive a oportunidade de conhecer o Diógenes Lucca por ocasião do 1º Simpósio Nordeste de Gerenciamento de Crises, promovido pela Polícia Militar da Paraíba em 2001. Naquele ano, ambos estávamos no posto de capitão, eu no comando do Grupamento de Ações Táticas (GATE) da PMPB, e o Lucca no GATE/PMESP. O evento reuniu vários operadores especiais das tropas de elite das polícias militar, civis, federal e rodoviária federal, bem como das Forças Armadas.

Desse evento em diante, construímos uma sólida amizade focada em compartilhar conhecimentos, habilidades e atitudes, inicialmente para prover nossos policiais militares de todo o Brasil para atuarem em ocorrências com reféns localizados ou tentantes de suicídio, com o escopo principal de preservar a vida dos envolvidos.

O tempo, como de costume, passa para todos os seres humanos e profissionais, e eis que o Lucca ingressa na condição de reserva remunerada da Polícia Militar do Estado de São Paulo e potencializa o seu tempo para produzir e compartilhar o seu vasto e notório conhecimento operacional para o mundo "civil" e "corporativo".

No entanto, sem abandonar as raízes profissionais que o projetaram em todo o país, também escrevendo e publicando obras para os policiais, com destaque para os negociadores de incidentes críticos.

Agora nos brinda com mais esta robusta obra, que transfere para as pessoas empreendedoras, gerentes, supervisores, vendedores, enfim, todos que precisam trabalhar em equipe ou comercializar produtos ou serviços, os conceitos, princípios e "liturgias" das tropas de elite policiais ou militares.

A expertise operacional, de gestão e educacional, chancela a Diógenes Lucca um diferencial que fará o leitor se aproximar ao máximo das melhores práticas de alta performance, inerentes aos integrantes dessas unidades especializadas.

Trabalhar em equipes de alta performance, assim como nas unidades especializadas de polícia ou Forças Armadas, exige trabalho em equipe, estudo e evolução contínuos, e, principalmente, a credibilidade, que era sempre tão buscada por Lucca enquanto esteve como CEO do GATE/PMESP. Alcançar o "erro zero", entre outros aspectos, confere a qualquer profissional ou empresa, além de uma boa imagem para os stakeholders e clientes, a consolidação no mercado. E isso o autor consegue apresentar nas páginas que se seguem, com a maestria que lhe é peculiar e com a simplicidade e singeleza de quem também esteve à frente de várias operações de risco durante a sua carreira na PMESP.

Por fim, esta obra se torna uma leitura de referência para qualquer pessoa que deseja ser, fazer e ter o que as tropas de alta performance possuem para que estejam mais consolidadas, a fim de superar os desafios que cada ocorrência, projeto, venda e negociação impõe aos líderes e liderados. Como um bom vinho, a obra é para ser "degustada", compartilhada e empregada no dia a dia por quem deseja alcançar os níveis de excelência em qualquer projeto de vida, pessoal ou profissional, que se proponha a fazer.

ONIVAN ELIAS DE OLIVEIRA,
Tenente-coronel da Polícia Militar da Paraíba,
Mentor e 1º Comandante do Grupamento de
Ações Táticas Especiais da PMPB.

INTRODUÇÃO

Já há alguns anos fala-se muito em multidisciplinaridade, transdisciplinaridade e termos afins. A ideia por trás desses conceitos subjetivos é a de que a solução para determinado problema dentro de um campo do saber deve ser investigada, e essa solução era dada a partir do fundamento teórico e metodológico de apenas uma disciplina. Grosso modo, com o passar do tempo, surgiu a possibilidade de contemplar alguns problemas a partir das lentes de outras disciplinas, ou seja, que o conhecimento adquirido em pesquisas, pontos de vista e abordagens contribui no desempenho para a resolução de problemas.

É assim que vejo o meu trabalho como consultor, professor e, neste espaço, como autor. Minha missão aqui é compartilhar o que temos feito desde 2006 na Fundação Instituto de Administração, a FIA,*

---

* A FIA foi criada em 1980 por professores do Departamento de Administração da USP. Referência entre as escolas de negócios, desenvolve projetos de pesquisa, consultoria e educação.

apresentando aos alunos quais são os valores utilizados pelas tropas de elite que podem ser aplicados nas empresas de grande reputação. Em outras palavras, quais conceitos e ferramentas do saber e da inteligência utilizados por tropa de elite e que, se bem compreendidos, adaptados e devidamente aplicados, podem dar aos profissionais talentosos a possibilidade de melhoria e alto desempenho, o que proporcionará melhores resultados.

Cada vez mais o compartilhamento de saberes tem ocupado espaços mais amplos, contribuindo para avanços sem precedentes na nossa história. A difusão do conhecimento, o acesso quase irrestrito às informações antes difíceis de serem obtidas, o avanço das pesquisas, seja por iniciativa privada ou estatal, têm proporcionado aos profissionais de áreas diversas uma elaboração de melhores procedimentos em seus campos de atuação.

Profissionais de alto desempenho são treinados para lidar com situações de pressão, que exigem tomadas de decisões em tempos exíguos e que envolvem investimentos, a possibilidade de perdas ou lucros, a ocupação de mercados — ou a perda de espaço neles —, enfim, decisões que podem mudar radicalmente o rumo das próprias empresas que representam. Esses profissionais procuram recorrer a toda e qualquer metodologia ou aparato técnico que proporcione a eles e às suas equipes e empresas melhores desempenhos, condições de posicionamento de suas marcas, de seus profissionais, ajustes estratégicos, impulsionando seus negócios à obtenção de lucro e de destaque no mundo corporativo.

Diante disso, faço um convite a você, leitor, do mesmo modo como faço nas aulas regulares na FIA. O convite é para que você se disponha a sair do seu ambiente normal de trabalho, exercitando-se mentalmente para deixar o mundo corporativo de lado e transportar-se para o ambiente que eu apresentarei a seguir, a fim de absorver melhor este conteúdo que será proposto. Ao fazer esse exercício, você terá condições de olhar para as questões do seu próprio campo de atuação e enxergar, por analogia, caminhos e soluções que, provavelmente, não estavam no seu radar, que não estavam perceptíveis pela proximidade e o calor das tensões diárias.

INTRODUÇÃO

Venho das tropas de elite, mais especificamente do Grupo de Ações Táticas Especiais — GATE. A experiência que adquiri no âmbito das rotinas de uma tropa de elite, que costumeiramente envolvem risco de vida, tanto de vítimas, de criminosos, como também dos policiais, qualifica-me para falar de valores típicos dessas tropas, mas que se aplicam integralmente às empresas de alta performance.

Assim, o meu objetivo com este livro é levar você, leitor, a uma aproximação entre a tropa de elite e a sua dinâmica com as empresas de alta performance. Repito o qualificativo "alta performance" porque todos os conceitos reunidos nesta obra não se aplicam a empresas que não estão nesse patamar, ou seja, aquelas que não têm compromisso com o futuro e com o legado daqueles que passaram por seus quadros e deram suas contribuições para a construção de um grande nome.

NORMALMENTE, quando estou em uma sala de aula da FIA ou nos auditórios das empresas para as quais sou convidado a palestrar, começo a minha apresentação desafiando os participantes a definirem o que entendem pela expressão "sob pressão". Nessa expressão está contida uma grande lição de liderança. Na maioria das situações, o estrategista procura desenhar três cenários distintos na solução de um problema. Esses cenários são: o otimista, o realista e o pessimista. Pode haver variações ou desdobramentos dessas três categorias, mas seja qual for a situação enfrentada, a solução estará, de algum modo, vinculada a um dos cenários.

Quando se projeta o cenário otimista, vislumbra-se e espera-se que tudo vai dar certo. No cenário realista, o estrategista analisa as condições e as avalia, fazendo o prognóstico daquilo que mais tende a acontecer de acordo com os parâmetros atuais disponíveis no momento. No cenário pessimista, o estrategista também leva em conta os fatores atuais, porém prioriza o que de pior pode acontecer.

Qual dos três cenários um bom estrategista irá considerar? Qual dos três cenários um bom estrategista irá priorizar? Sem sombra de dúvida, o cenário pessimista deverá receber maior atenção por parte do estrategista. O raciocínio é simples: nós não precisamos estar preparados para coisas boas, mas sim e sempre para o pior que pode acontecer.

Seria muita imaturidade e amadorismo imaginar que nas relações interpessoais tudo acontece de forma pacífica, com pleno entendimento e concordância na relação do líder com a sua equipe. Mais prudente é estar preparado para lidar com situações complexas e desentendimentos. Como um bom negociador, um líder competente considera constante e incondicionalmente que a pessoa do outro lado da mesa é igual ou mais preparada do que ele. No mundo dos negócios, para quem se considera competente e se senta à mesa para uma negociação não faz o menor sentido lógico, racional, razoável, supor que a outra parte deixou de fazer "a lição de casa".

Desse modo, a situação exigirá de você um desempenho de alto nível, uma performance de excelência. O pressuposto que aprendemos na liderança é o respeito. Respeite a outra parte pelo que ela é e pelo que traz: os valores da empresa que representa, os recursos que a instituição representada detém, o conhecimento que possui, além da pessoa em si, o ser humano, a sua trajetória de vida como profissional, a sua formação e dedicação e o fato, aparentemente simples, de ela estar sentada em frente a outro profissional de alto nível, que é você.

Como já tinha mencionado, eu estava no auge da minha carreira como comandante do GATE, a tropa de elite, e recebi um telefonema do saudoso professor James Wright, que nos deixou em 2018. Conversamos por um momento e ele me convidou para uma reunião. Quando nos encontramos, fez o convite para que eu ingressasse no quadro docente da instituição. Para ser sincero, ainda nem conhecia a FIA. Mas ele disse:

— Comandante Lucca, temos aqui o MBA Executivo Internacional e gostaríamos que o senhor fizesse um paralelo daquilo que tem enfrentado como líder de uma equipe de alta performance, nas negociações em que há reféns, com o mundo corporativo. Entendemos que essa aproximação seja pertinente, destacando algumas coisas que podem ser importantes para os alunos e que, eventualmente, possam ser aplicadas no dia a dia deles.

Impactado com o desafio, respondi:

— Professor, não conheço nada do mundo corporativo. — Imediatamente, ele fez uma expressão de tristeza, de decepção, que me sensibilizou. Antes que ele dissesse algo, eu me adiantei e continuei:

— Calma, professor. De onde venho, missão dada é missão cumprida. Me dê uma semana que eu volto com uma resposta mais concreta.

Uma semana depois, retornei. Nós conversamos, fizemos alguns ajustes no conteúdo que tinha apresentado, ele falou sobre as expectativas da instituição, o perfil dos alunos e alguns outros detalhes. Feito isso, algum tempo depois, apliquei o conteúdo em aula e tive boa receptividade por parte dos alunos.

Desde então, já há 14 anos, temos essa parceria para o desenvolvimento desse conteúdo, que tem sido de grande auxílio não só no curso Executivo Internacional como também para outros MBAs e cursos de pós-graduação da FIA. Dito isso, resta pontuar a maneira como o livro foi estruturado. Considerando que alguns leitores — assim como eu — gostam de histórias com começo, meio e fim, vamos partir do passado, isto é, a história das tropas de elite desde sua origem, na Antiguidade, quando os primeiros grupos foram formados, passando por obras como a *Ilíada*, de Homero, a clássica Operação Cavalo de Troia, as tropas de comandos na Segunda Guerra Mundial e, posteriormente, veremos a origem do símbolo da caveira, chegando aos tempos atuais. Dessas histórias, podemos extrair a inspiração para a formação das tropas de elite num ambiente policial e nos aproximarmos de conceitos que têm sido apresentados ou expressos em frases bem conhecidas, como, "seja bem-vindo, mas não faça movimentos bruscos"; "vá e vença, que por vencido ninguém o reconheça"; "missão dada é missão cumprida"; "quem ousa, vence"; "a palavra convence e o exemplo, arrasta", e a função psicológica que elas representam na busca de melhoria e renovação constantes.

Mais adiante, veremos quais são os principais valores de uma tropa de elite.

Ser Voluntário: parte-se do pressuposto de que quem trabalha em uma empresa de alta performance está nela porque quer e porque se esforçou para isso. Assim, é imprescindível aceitar os ônus e os bônus de trabalhar sob pressão orientada para o alcance das metas.

Ter senso de pertencimento: algo que vai além da satisfação pessoal, pois envolve a alegria e o orgulho de pertencer a uma empresa de alta performance, e do trabalho em uma equipe igualmente competente e comprometida com o grupo.

Cumprir as normas: é o que chamamos de fidelidade aos princípios doutrinários, que nada mais é do que o compliance em seu sentido que transcende o combate à corrupção e à lavagem de dinheiro, alcançando aquilo que é o entendimento da importância de cumprir as leis e os regulamentos internos.

Ter orientação para resultados: não haveria o ambiente competitivo das empresas de alta performance sem foco nos resultados. Contarei a minha experiência no curso que fiz na SWAT quando tivemos de misturar soldados, sargentos e tenentes e o que disso resultou. Também contarei o que significam os números usados nas tropas de elite: 01, 02, 03 etc.

Lidar com o desconforto: explora a verdade de que a vida não é fácil e que só há um caminho: o certo. Não gostamos de atalhos, precisamos estar em movimento o tempo todo para inovar, aperfeiçoar e nos atualizar, pois o mundo é dinâmico, e aqueles que antecipam seus movimentos levarão vantagens, muitas vezes decisivas.

Para descrever claramente o "desconforto", vamos resgatar uma cena do filme *Tropa de Elite*. O longa-metragem é um entretenimento e não tem o propósito de aprofundar questões de natureza filosófica ou corporativa, mas essa cena específica contém dois significados inegociáveis: moral e ética, as quais explicarei como são implantadas no ambiente das tropas de elite.

Buscar a melhoria permanente: inspirado na palavra japonesa *kaizen*, que significa mudança para melhor, diz respeito a um movimento contínuo nessa direção, pois a velocidade das mudanças do mundo não permite qualquer tipo de acomodação.

INTRODUÇÃO

Buscar a excelência: isso não significa não errar nunca, mas indica a total disposição para um planejamento o mais próximo possível da perfeição. É também saber se colocar diante do erro, sem se contentar com o "99% está bom", porque não está!

Com um exemplo tirado de um caso na Embraer, apresento o conceito de "erro honesto", muito utilizado na referida empresa, além de outros exemplos bastante úteis para o mundo corporativo.

Ter disciplina: é uma das principais virtudes de um líder das equipes de alta performance, mas pouco explorada diante da dimensão de sua importância. Muitos podem fazer uma interpretação da disciplina como o cumprimento de normas; no entanto, trata-se de uma disposição interna, um convencimento intrínseco para agir naquilo que é necessário e que depende exclusivamente de você.

No capítulo "Gestão de pessoas à moda caveira", você conhecerá o "método caveira" no trabalho em equipe e verá como o Curso de Operações Especiais é uma porta de acesso similar aos programas de trainee das grandes empresas. Também verá como o fenômeno do egoísmo é nocivo e como é o verdadeiro trabalho em equipe sob o ponto de vista das tropas de elite.

Quando o assunto é liderança em uma empresa de alta performance, ressalto que o líder exemplar jamais delega responsabilidade, e sim tarefas e outras características que devem ser aprofundadas na formação de equipes de alta performance.

Encaminhando para o final, veremos as virtudes importantes para um líder. Posso adiantar que, a essa altura, você já terá reunido conhecimentos sobre como lidar com o conflito, trabalhar em equipe, selecionar bem os colaboradores, possuir informação, organizar o local, saber ouvir, aprender a pensar com a cabeça do outro, manter o controle, reconsiderar quando necessário e cumprir o combinado. Você está preparado para cruzar essa fronteira?

Por fim, a Credibilidade, o maior patrimônio de um líder e de uma empresa de alta performance.

Espero que, ao final desta leitura, você tenha assimilado conhecimentos que são indispensáveis para pertencer a um time de elite, a uma equipe vencedora, que desbrava caminhos, aponta novos rumos, tendências e conquista os territórios mais avançados antes dos seus concorrentes. Isso não é apenas estimulante, garantindo a nossa colocação no mercado de alto rendimento e uma boa soma na conta corrente. Mas também é desafiador, porque estamos juntos escrevendo uma história de sucesso na qual somos protagonistas, e essa história poderá beneficiar centenas, milhares e milhões de pessoas. Você perceberá por si mesmo que, não importa qual o seu ramo de atividade, de alguma forma, na estação final do trem da vida, sua verdadeira missão é colocar um sorriso no rosto de alguém que talvez você nem conheça.

Força e honra!

EMPRESA DE ALTA PERFORMANCE

O desafio deste livro é fazer uma reflexão sobre os valores que são comuns nas tropas de elite e que podem ser aplicados no mundo corporativo.

Como será posteriormente demonstrado em detalhes, partimos do princípio de que, nas diversas áreas do conhecimento, há os generalistas e os especialistas. Nas Forças Armadas e polícias, temos as tropas ordinárias e as de elite. Nesse sentido, a provocação que ouso fazer é a de que, no mundo corporativo, também existem as empresas "normais" e as de alta performance.

Daí o desafio em demonstrar que os valores das tropas de elite do universo militar e policial podem estar presentes, serem apreciados e aplicáveis nas empresas de alta performance. Para tanto, como ponto de partida, é preciso deixar claro o que significa uma empresa de alta performance.

"O ideal imaginário é diferente do prático possível" é uma afirmação que tenho usado com frequência na minha trajetória profissional. Na frase, é fácil constatar certa abstração naquilo que pensamos ser o "ideal imaginário" e naquilo que podemos de fato fazer, executar, que é o "prático possível". É com base nessa dualidade que vou me aventurar e tentar demonstrar o que é uma empresa de alta performance, fazendo uso de aspectos filosóficos e também de uma ética humanista, entendida por um conjunto de regras que as pessoas estabelecem e cumprem dentro de um contexto, na busca de melhor convivência e obtenção de resultados.

Assim o farei por meio de exemplos práticos. Iniciando pela parte filosófica, trago um aspecto aristotélico presente nas tropas de elite: a busca da excelência. Acredito que um empreendedor que quer uma empresa de alta performance desejará que a excelência esteja presente em tudo que orbita na sua atividade, ou seja, nas pessoas, no ambiente de trabalho como um todo e, obviamente, nos resultados para os seus clientes. Essa é a meta. Se essa empresa fosse um motor, veríamos cada uma das engrenagens e componentes trabalhando em simetria, em perfeita harmonia. Cada uma das peças fabricada especificamente para aquela finalidade, atuando de forma correspondente a sua "completa potência"; em outras palavras, cumprindo o seu papel, para que aquele motor produza o que os cálculos do projeto vislumbraram produzir. Quando o funcionamento desse motor acontece nessa conformidade já estamos falando de um aspecto ético, como veremos mais à frente.

Isso também ocorre quando olhamos para a semente de uma árvore. Um olhar mais simplório verá apenas uma semente, mas, com um pouco de abstração, podemos afirmar que essa simples semente é uma vistosa árvore em potencial, bastando apenas as condições necessárias para que ela possa se desenvolver pela sua própria natureza. O filósofo Aristóteles denominou esse aspecto por meio do conceito de *eudaimonia*, que significa "o pleno desabrochar da própria natureza".

Desse modo, assim como acontece nas tropas de elite, uma empresa de alta performance tem em seu DNA o desejo de explorar ao máximo a sua potencialidade, de ser o motor em que todas as peças estão devidamente encaixadas e funcionando plenamente de acordo

EMPRESA DE ALTA PERFORMANCE

com a sua potencialidade, funcionando em estado de excelência e oferecendo também uma excelência em resultados.

No entanto, o aspecto filosófico não dá conta, por si só, de encerrar a tentativa de conceituar uma empresa de alta performance. Não basta um empresário imaginar ter um negócio diferenciado em termos de estrutura e resultados, tampouco possuir em sua equipe colaboradores com alto potencial, bem encaixados nas suas funções, e todo um contexto favorável para que ocorra essa excelência a qual nos referimos.

Uma empresa é uma coisa abstrata, ou seja, um CNPJ. O que de fato faz uma empresa é um conjunto de CPFs, ou seja, pessoas – e pessoas são diferentes de sementes e de máquinas.

É importante ratificar que uma semente de castanheira é uma imensa castanheira em potencial, nada mais além disso. O filósofo Jean-Jacques Rousseau utiliza como exemplo o gato, que nasce, vive e morre como um gato, com o instinto de gato, sem direito a qualquer outra escolha. É nesse contexto que emerge a distinção: o ser humano faz escolhas.

Diante de uma encruzilhada de caminhos, na qual há de se escolher uma direção, ou mesmo diante de desejos que não podem ser atendidos simultaneamente, o ser humano tem a opção de fazer uma escolha. É como colocar constantemente as opções em uma balança para ver qual escolha é mais apropriada, em outras palavras, qual delas tem mais valor. É exatamente nesse ponto que nos aproximamos do segundo aspecto que complementa o filosófico tratado até aqui. Trata-se de um conjunto de valores que aceitamos seguir, também conhecido pelo conceito de "ética".

Dessa maneira, continuando na empreitada de conceituar uma empresa de alta performance, apresento o segundo aspecto, agora voltado à ética, que é o comprometimento do colaborador com os valores da empresa. É por isso que não basta o ideal imaginário do empresário na busca da excelência pelos serviços de sua empresa, a contratação de pessoas com potencial e o oferecimento de todas as condições para que a excelência seja alcançada; restará à deliberação individual, a escolha propriamente dita de cada um, para buscar incansavelmente os valores que foram estabelecidos e que viabilizam aquilo que se pretende alcançar.

É por isso que os valores presentes nas tropas de elite, que serão apresentados e explicados nas páginas seguintes deste livro, são compatíveis com aquilo que entendo ser uma empresa de alta performance.

Ficará demonstrado que voluntariado, senso de pertencimento, cumprimento de normas, busca de melhoria permanente e outros valores abordados neste livro são escolhas que o integrante de uma tropa de elite faz – e que um colaborador de uma empresa de alta performance também deve fazer.

2
TROPA DE ELITE, A ORIGEM: DA ANTIGUIDADE AOS TEMPOS ATUAIS

A cada dia me convenço mais de que há uma estreita relação entre a essência das tropas de elite e o mundo corporativo, e tenho conseguido demonstrar isso aos meus alunos e às pessoas que comparecem às minhas palestras, bem como às empresas para as quais presto consultoria.

Para compreendermos as relações existentes entre as tropas de elite e o mundo corporativo, penso ser fundamental tomar o assunto desde o início de sua história. A evolução do tema é notável, e por ela podemos verificar a natureza desses times e equipes que foram instituídos para fazer frente a uma necessidade premente e, em muitos casos, vitais. Todo o contexto deste livro é ambientado em torno da história e das demandas das tropas de elite, das quais extraio as principais lições, exemplos e os conceitos que as empresas e os seus profissionais têm aplicado às suas ações e rotinas.

Mas, afinal, o que é uma tropa de elite?

PRIMEIRAS NOTÍCIAS SOBRE GRUPOS "AVANÇADOS"

A ideia geral impregnada na mente dos brasileiros é aquela que o filme *Tropa de Elite* traz a partir das suas duas produções. Posso afirmar que existe aí um vínculo com o nosso assunto. A tropa de elite está para a segurança pública assim como uma empresa de alta performance no mundo corporativo está para uma sociedade. Nesses ambientes, é preciso enfrentar assuntos complexos. Existem questões que não podem ser proteladas ou procrastinadas. Como dizia o filósofo Sêneca, um dos expoentes do estoicismo romano: "Enquanto desperdiçamos nosso tempo hesitando e adiando, a vida se dissipa".

Todos nós sabemos que não estamos mais vivendo em um período de batalhas sangrentas, no qual o oportunismo tinha outra conotação. Para nós do mundo policial, a história de um destacamento especial começou há muitos e muitos anos com a *Ilíada*, a clássica obra de Homero. Para ser mais específico, a história nasceu quando houve a conhecida operação Cavalo de Troia, cerca de 1200 a.C. Imagino que o leitor já deva ter ouvido falar, ou mesmo ter lido a *Ilíada*. No episódio a que me refiro, e para o qual nós das tropas de elite olhamos com maior atenção, um grupo de combatentes gregos se esconde em um enorme cavalo de madeira, que é dado como um presente para os troianos e guardado dentro de uma fortaleza na cidade de Troia. No momento oportuno, com o cavalo de madeira já dentro de Troia, os soldados saem de seu interior, facilitam o acesso para o restante da tropa, que esperava do lado de fora e que, ao entrar na cidade, segue lutando até a vitória na batalha.

A passagem que narra essa operação está na *Ilíada*, no contexto em que Ulisses diz aos seus homens:

> Príncipes, lembrai-vos de que a audácia vence a força. É tempo de subir para o nosso engenhoso e pérfido esconderijo. Já dentro da cidade de Troia, com a ajuda hábil de Epeu, Ulisses abriu sem ruídos os flancos do animal e, pondo a cabeça para frente, observou por todos os lados se os

troianos vigiavam. Não vendo nada e ouvindo apenas o silêncio, tirou uma escada e desceu à terra. Os outros chefes, deslizando ao longo de um cabo, seguiram-no sem tardar. Quando o cavalo havia devolvido todos à noite sombria, uns apressaram-se a começar o massacre e os outros, caindo sobre as sentinelas, que em lugar de vigiar, dormiam ao pé das muralhas descobertas, degolaram-nas e abriram as portas da ilustre cidade do infeliz Príamo.

Até aquele ponto, guerreiros jamais tinham utilizado uma estratégia tão ousada para entrar no campo inimigo. A criatividade, a ação audaz e inovadora, além de outras virtudes, foram um diferencial que "quebrou" até mesmo a força e a possível superioridade dos seus oponentes.

O que podemos fazer dentro do campo da criatividade para romper barreiras e resistências que hoje parecem intransponíveis? Essa questão deve ocupar as nossas reflexões incessantemente, até que atinjamos todas as metas que nos são propostas ou a que nos impomos alcançar.

O local que geralmente marcava o centro da vida comunitária dos povos antigos era o templo. A sua tomada por meio da operação Cavalo de Troia tornou-se emblemática na história dos confrontos, pelos motivos que mencionei há pouco: elemento surpresa, inovação, objetividade. A ação criou um fato de grande repercussão, e eu diria que esse deve ter sido o primeiro indício na Antiguidade da existência de uma equipe que antecede às tropas de elite de hoje. Por conta disso, tome cuidado com os presentes de grego!

A LIÇÃO DA GUERRA

Se hoje usamos a expressão "presente de grego" para nos referirmos a algo que recebemos, mas que irá nos prejudicar, isso se deve e remete a esse episódio da *Ilíada*. No entanto, o que nos interessa nessa narrativa é que ela traz elementos típicos das tropas de comando* de nossos dias: a ação audaz, criativa, engenhosa, furtiva, letal e com objetivo definido, que é o que tem caracterizado esse tipo de combate.

Foram as tropas de comando, que atuaram durante a Segunda Guerra Mundial, que deram origem às tropas de elite no meio policial. As tropas de comando eram constituídas por militares cuja ação era marcada por incursões-relâmpago em território inimigo, com a finalidade de matar o inimigo e destruir seus suprimentos, ou seja, eles tinham uma missão, um foco preciso, e não mais do que isso.

Na Segunda Grande Guerra, esse tema ganhou bastante espaço entre as tropas militares, nas quais se destacavam os profissionais que demonstrassem maior habilidade e virtudes individuais, que pudessem ser úteis na frente de batalha, fazendo a diferença, levando a equipe a seus objetivos específicos. Os membros se sobressaíam pela maior capacidade de improvisação e resiliência nas situações adversas. Essa situação da criação de um grupo diferenciado em relação às equipes regulares inspirou o surgimento dos grupos de polícias de elite nos centros urbanos nas décadas de 1960 e 1970.

INSPIRAÇÃO PARA AS TROPAS DE ELITE

Com o estudo da história dos combates e a verificação dos êxitos obtidos por determinados grupos, veio a inspiração para a formação dos grupos de elite. Foi na esteira desses acontecimentos, como a operação Cavalo de Troia e as tropas de comandos na Segunda Guerra Mundial, que surgiram grupos como a Special Weapons and Tactics (SWAT) nos Estados Unidos; o Grenzschutzgruppe 9 (GSG-9)

---

* Designação dada a uma tropa de elite pertencente às Forças Armadas, altamente treinada e qualificada para operar em missões especiais rápidas sob circunstâncias e ambientes impróprios ou contraindicados ao emprego de outros elementos das forças regulares.

na Alemanha; o Group d' Intervention de la Gerdarmerie Nationale (GIGN) na França; o Special Air Service (SAS) na Inglaterra; o Grupo Especial de Operaciones (GEO) na Espanha; e as Fuerzas Especiales na Argentina. No Brasil, temos grupos especiais nas polícias federal e estadual, sendo o BOPE, do Rio de Janeiro, o mais antigo e também o mais comentado por conta do filme *Tropa de Elite*. Em São Paulo há o GATE.

Os nomes variam de um lugar para outro, mas o conceito adotado por essas equipes é sempre o mesmo, os valores são os mesmos, tanto no Brasil quanto ao redor do mundo, e são esses conceitos e valores que nos interessam para as possíveis aplicações no mundo corporativo. Tive a distinção de ser um dos fundadores do GATE e também comandante da unidade, dedicando onze anos de minha vida nessa função. É essa experiência que gerou os aprendizados que estou compartilhando com você, leitor, que me honra com o privilégio de seu interesse.

EXPRESSÕES COMUNS DAS TROPAS DE ELITE

Ao destacar a nossa proposta de aplicação da realidade interna e essencial das tropas de elite às empresas de alta performance, posso sintetizar essa aplicação afirmando que o papel dessas equipes dentro do cenário da segurança pública funciona mais ou menos assim: quando a sociedade tem um problema, ela chama a polícia. Quando a polícia tem um problema, ela chama a tropa de elite.

Assim, podemos relacionar a aplicação desse princípio à sua realidade profissional, respondendo às seguintes questões:

"Você é a pessoa a quem recorrem quando é preciso enfrentar uma situação de grande impacto no mundo corporativo?"

"Quais virtudes você reúne que o tornam um profissional diferenciado dentro do seu time ou na empresa como um todo?"

"Na formação de um novo time vencedor, qual valor você agregará a ele?"

"Quais fraquezas você precisa trabalhar para que não sejam usadas contra você e não comprometam o trabalho de todos os colaboradores na sua equipe?"

"Seus valores são pessoais, quer no campo intelectual, de inteligência múltipla, conhecimento técnico, estratégico ou tático?"

"Você reconhece esses valores? As pessoas apontam isso em você com espontaneidade?"

"O que dá a você o destaque necessário para ingressar no time de elite no segmento ou na função em que você atua hoje?"

"O que diferencia um profissional mediano de um profissional que pode ingressar em um time de elite?"

Essas e outras perguntas devem, inicialmente, nortear as nossas reflexões para a carreira que escolhemos e na qual queremos investir para que prosperemos, tanto nós quanto aqueles que estão conosco, seja no empreendimento, na família ou no espectro mais amplo da sociedade. Em nosso mundo há uma valorização especial para empresas que se voltam para a melhoria das condições sociais, que vão além dos seus quadros de cooperadores e profissionais de alta performance.

A vontade, o desejo de cumprir a meta, a entrega pessoal e irrestrita e a distinção pessoal de especialista que conhece profundamente aquilo que faz tornam as pessoas especiais em seus ramos de atividade. É normal existirem profissionais que atendam aos requisitos para o preenchimento de uma vaga; mas o que as empresas de ponta procuram são aqueles que estão acima da média. Procurar por eles é o grande esforço das empresas. É neles que são investidos os maiores recursos. E essas pessoas não surgem por acaso. Elas se fazem, porque investem em si mais do que as outras pessoas, elas se preparam melhor e por mais tempo, reúnem traços e características pessoais que as levam mais longe ou que as fazem trilhar um caminho que ninguém havia visto e sequer imaginado — elas são criativas! — e, por isso, chegam primeiro ao seu objetivo, sem queimar etapas que as forjarão na fornalha dos campeões.

Posso tomar um exemplo simples sobre como esses aspectos são procurados diretamente do âmbito de campos como a medicina e o direito – evidentemente, simplificando bem as coisas. Assim, cabe a pergunta: qual é a diferença entre um clínico geral e um especialista? Ou, se considerarmos a advocacia, podemos fazer uma pergunta semelhante: qual a diferença entre o advogado que todos querem ter para defender as suas demandas e aquele que não queremos por perto nem de graça? Voltarei a esses exemplos mais adiante.

Depois do sucesso do filme *Tropa de Elite*, a figura de seu protagonista principal, o Capitão Nascimento, ganhou os holofotes e muita publicidade. Isso resultou na inspiração para a formação de grupos táticos em vários departamentos de polícia do país, muitos dos quais ainda estavam em estágio embrionário. Também acabou por inspirar programas na televisão e até fantasia de Carnaval, tornando-se moda o camuflado das fardas, as tatuagens de caveiras e, consequentemente, o surgimento das histórias mais mirabolantes que se pode imaginar. Lembro-me de que respondi perguntas do tipo: "É verdade que os integrantes das tropas de elite já são selecionados desde a infância e retirados do seio familiar aos seis anos de idade para treinamentos especiais?"; "É verdade que os integrantes têm uma alimentação modificada que produz alterações genéticas?". Essas são duas entre tantas outras histórias que se tornam mitos e lendas urbanas no imaginário popular. É óbvio que tudo isso não condiz com a realidade.

A porta que dá acesso ao integrante de uma tropa de elite é o concurso público, bem como a firme determinação do candidato por pertencer a um grupo seleto de profissionais – esse é o mesmo desejo de quem participa de um processo seletivo em uma empresa de alta performance.

A resposta não é o alimento diferente que eles têm à mesa a cada manhã. Também sabemos que não há qualquer modificação genética num laboratório para melhorar o desempenho profissional. Trata-se apenas do comportamento e da atitude pessoal diante do que é o cumprimento da missão de cada um. Uma vez que todos são profissionais que estudaram, pesquisaram e ingressaram no mercado de trabalho, há um componente pessoal que marcará toda a carreira e fará o profissional que tem essa determinação ocupar com maior probabilidade uma posição de destaque.

Sei que isso é uma simplificação, mas, em linhas gerais, o esforço pessoal tem, sim, uma influência preponderante no desempenho das pessoas.

Pergunto: qual é o seu comportamento rotineiro e a sua atitude diante dos desafios que são impostos a você?

Para encerrar este capítulo sobre aspectos históricos das tropas de elite, quero dar mais uma informação que circula internamente entre os quadros dessas tropas. No GATE, bem como nas demais tropas de elite pelo Brasil, costuma-se cunhar frases de efeito, que nada mais visam senão a provocar nos policiais um sentimento de busca permanente pela excelência, pelo compromisso vital — pois vidas dependem da atuação e do comportamento rigoroso e exemplar deles — e a cooperação entre a equipe, além de outros efeitos e sentimentos que essas frases podem suscitar ou extrair dos policiais de elite. Certamente, cada ramo de atividade tem as suas próprias frases, bordões e jargões que ajudam a equalizar um grupo que não se encontra tão coeso quanto deveria, ou depois de algum enfrentamento, no qual a pressão sofrida foi intensa demais, e a tropa sentiu o tranco.

Entre as frases mais conhecidas estão:

"Seja bem-vindo, mas não faça movimentos bruscos." Destaca a discrição e o respeito à ordem. A frase está numa placa enorme na entrada do quartel do BOPE no bairro das Laranjeiras, no Rio de Janeiro, e é quase uma provocação pitoresca, típica do povo carioca, para descontrair um visitante no quartel. A frase traduz dois aspectos importantes: que você é bem-vindo como visitante no quartel, mas as regras de convívio, típicas da caserna, devem ser observadas e respeitadas, daí "não faça movimentos bruscos". Por outro lado, na saída do quartel tem outra placa, igualmente grande com a frase: "Vá e vença, que por vencido ninguém o reconheça". A frase procura imprimir a ideia de construção de uma história de sucesso.

É daí que surge a frase mais conhecida: "Missão dada é missão cumprida", que exprime o senso de dever acima de tudo. Essa frase talvez seja a mais citada no meio corporativo, mas com uma alteração: "A meta é obrigatória, o choro é livre".

"Quem ousa, vence" estimula a iniciativa. "A palavra convence, mas o exemplo arrasta" induz a agir conforme o que você diz, pois o exemplo sempre fala mais alto que o discurso. Há uma frase de Gilberto Cury que sintetiza bem todas as já mencionadas: "Que as ações confirmem as palavras".

E há também alguns apelidos que são dados quando os policiais estão despreparados ou quando falham em suas missões, como "calça curta", referência às crianças e adolescentes, ou seja, imaturidade; "boca aberta" quando fica com cara de perdido ou fala demais; "mão cansada", para aquele que não se dispõe a cooperar com o grupo e está sempre indisposto; "borracha fraca", pois qualquer pressão o faz arrebentar; entre outros.

Evidentemente, tudo deve ser pensado, elaborado e dito com muito respeito aos códigos sociais, à cultura corporativa e aos profissionais que se empenham conosco para atingirmos um objetivo estabelecido. Nunca devemos entrar pelo caminho da desqualificação e do rebaixamento de uma pessoa, especialmente num ambiente como o nosso local de trabalho, em que temos de lidar com as pessoas todos os dias.

Sendo assim, sugiro que quando couber a você usar a ferramenta da persuasão no aprimoramento do seu time, use-a para provocar boas reações, positivas e construtivas, que elevem o espírito da sua equipe e humanize as relações sociais para além do que as demais pessoas estão fazendo, visando sempre um futuro melhor para o maior número de pessoas. Assim, planeje, pense bem e com inteligência.

Aproveito para trazer à tona a importância de avaliarmos bem palavras e expressões que, até um passado recente, eram toleradas sem maiores consequências pela sociedade em geral e por um silêncio obsequioso por parte de quem se sentia, de alguma forma, atingido. Algumas dessas expressões faziam parte do anedotário popular e até das marchinhas de Carnaval. Os tempos mudaram. Há uma linha estreita entre aquilo que se pode fazer num treinamento ou mesmo no dia a dia das empresas em termos de pressão e exigências em um ambiente competitivo com algo que pode ultrapassar, como eu costumo dizer, os limites do CNPJ e a invasão do CPF. Em outras palavras, refiro-me às situações que vão além das questões corporativas e atingem a intimidade e os valores das pessoas.

Várias expressões usadas em anos recentes carregam conotação pejorativa, preconceituosa e racial. Alexandre Putti* listou algumas dessas expressões que transcrevo a seguir, e quero completar com outras que são igualmente negativas. Entre essas expressões estão "a coisa tá preta", para se referir a um momento ruim, e "ela é uma negra bonita"; se não é costume usar a expressão referindo-se a uma mulher que é uma "branca bonita", também não é adequado usar a expressão "negra bonita". A distinção étnica no elogio é completamente dispensável.

A lista de expressões torna-se cada vez maior** e exige dos líderes atenção especial para não contaminar talentos de sua equipe. Vejamos mais algumas delas:

"Mulata" refere-se à mula, um animal originado do cruzamento de burro com égua. Na época da escravidão, muitas escravas eram abusadas pelos patrões e acabavam engravidando. Seus filhos eram chamados de mulatos por serem o resultado do cruzamento de um homem branco com uma mulher negra. Algumas pessoas também utilizam o termo para se referir às mulheres pardas, mas essa palavra não deve constar no nosso vocabulário.

---

* Disponível em <https://www.cartacapital.com.br/sociedade/dez-expressoes-racistas-que-voce-precisa-parar-de-falar-imediatamente/> Acesso em: 27.01.2020.

** Em pesquisa divulgada em janeiro de 2019, o Datafolha afirmou que três em cada dez pessoas declararam que já sofreram preconceito por causa de sua classe social, somando 30% dos entrevistados, enquanto em 2008, eram 23%. Além disso, os dados mostram que 28% dos pesquisados já sofreram preconceito devido ao local de moradia (era 21%), 26% por sua religião (era 20%), 24% devido ao seu gênero (era 11%), 22% por sua cor ou raça (era 11% em 2007) e 9% por sua orientação sexual (era 4% em 2008). É possível perceber que há um maior número de vítimas de diferentes tipos de preconceito.

"Denegrir" significa "tornar negro, escurecer". Ela é tomada de maneira pejorativa, remetendo ao conceito racista. Assim também acontece com "lista negra", expressão utilizada de modo negativo; "mercado negro", algo proibido, ilegal, perigoso e ruim; "não sou tuas negas", absolutamente preconceituosa e racista.

"Da cor do pecado" é uma expressão utilizada como elogio, mas está longe de ser um elogio. Antigamente, ser negro era considerado pecado. Os poderosos da época justificavam a escravidão como um castigo divino. Então, dizer que alguém é "da cor do pecado" está associado a algo negativo.

"Criado-mudo" é o nome do móvel colocado à cabeceira da cama, e vem de um dos papéis desempenhados por escravos — criados —, que serviam na casa dos senhores brancos e eram proibidos de falar ou fazer barulho. "Domésticas" eram as mulheres negras que trabalhavam dentro da casa das famílias brancas, consideradas domesticadas, uma vez que os negros eram vistos como animais que necessitavam de domesticação por meio da tortura.

"Inveja branca" é uma expressão que vai na contramão das anteriores, indicando uma inveja que não faz mal, que é do bem. Ela faz associação à cor branca como coisa boa, legal e que não é um mal, como a inveja inerentemente é. Assim também é "Amanhã é dia de branco", que é a mais esdrúxula de todas. Dia de branco é utilizado para se referir ao dia de trabalho, responsabilidade e compromissos. Como se só gente branca trabalhasse duro, uma vez que, antigamente, o trabalho dos escravos não era considerado trabalho, e tal ideia é perpetuada até hoje.

"Samba do crioulo doido" é uma expressão debochada que significa confusão ou trapalhada. Dizer que a pessoa tem "cabelo ruim" se trata de uma depreciação do cabelo afro, muito diferente dos cabelos lisos, estabelecidos como padrão de beleza nos países europeus e que se espalhou pelo mundo.

"Judiar" ou "judiação" significa maltratar e zombar. Essas palavras são inspiradas nos horrores vividos pelos judeus no Holocausto durante a Segunda Guerra Mundial. "Fazer nas coxas" refere-se ao modo como os trabalhadores nas olarias faziam as telhas, moldando o barro sobre as próprias pernas. Devido à diferença de tamanho desses trabalhadores, as telhas não se encaixavam quando um telhado era montado, ocasionando a expressão como maneira de dizer que um serviço é malfeito ou feito de forma relaxada.

"Gordice" faz menção às trapalhadas cometidas por pessoas obesas, e deve ser evitada, bem como as expressões correlatas que são de conotação pejorativa contra pessoas obesas: "baleia", "balofo", "orca, "elefante", "balão" etc. Do mesmo modo, é preciso dar a devida atenção às expressões que diminuem a condição de pessoas com necessidades especiais, como "manquitola", "manco", "maneta", "quatro-olhos", para quem usa óculos, "zarolho", contra quem tem estrabismo, "orelha de abano", quando a pessoa tem as orelhas abertas, "graveto" e "Olívia Palito" para mulheres muito magras.

No âmbito da religião, também há expressões que devem ser evitadas. Considerando a nossa sociedade, altamente espiritualizada e plural, são poucas as pessoas que não têm um vínculo com alguma fé, ainda que seja de maneira informal. Dessa forma, devemos evitar rotular ou tipificar uma pessoa utilizando a sua inclinação religiosa ou pertencimento a uma religião institucionalizada. É comum lermos chamadas na imprensa em que se desqualifica a pessoa pela religião, quando ela é de certo segmento, o que nunca é feito com outros segmentos religiosos. Nunca lemos "católico envolvido em esquema de desvio de verbas" ou "kardecista foi pego em grampo telefônico". Por que usaríamos esse tipo de segmentação quando o mal pode ser inerente a todo e qualquer ser humano, independente de credo, cultura, condição social ou natureza étnica?

Macumbeiro é o adepto de um ramo da religião afro, mas a macumba como tal foi criada no Rio de Janeiro na década de 1920 e nem todos os seguidores de cultos afro se identificam com essa identidade, como os candomblecistas. Portanto, para estes últimos, ser chamado de macumbeiro pode ser ofensivo.

3
OS VALORES DE UMA TROPA DE ELITE

No capítulo anterior, vimos o surgimento das tropas de elite e quais os seus antecedentes históricos que fundamentaram a noção de que um grupo com essa especificidade era possível. As tropas de comandos na Segunda Guerra proveram as bases práticas. Depois, essas equipes e o seu raio de ação foram adaptados para o ambiente policial, no qual também temos conflitos continuamente, com as devidas proporções. Esse aparato histórico e contextual pode situar o leitor sobre a necessidade e o desenvolvimento do conceito de tropa de elite, mas mantivemos o foco voltado para o ambiente corporativo, o que nos interessa mais nesse momento: como o modelo de tropas de elite pode potencializar o engajamento, o desempenho e os resultados amplamente positivos alcançados nas tropas em suas aplicações no ambiente corporativo?

Para formar esse quadro referencial, não vejo outra maneira que não seja dar um mergulho nos valores de uma tropa de elite, seja o BOPE do Rio de Janeiro, o GATE de São Paulo ou outras unidades especializadas de outros estados.

SUPER PERFORMANCE

Neste capítulo, portanto, vamos falar sobre como integrantes de uma tropa de elite enxergam cada um desses valores. Você, como profissional de alto desempenho, saberá fazer as correlações e aplicações devidas dentro do seu ambiente profissional, isto é, do segmento e da área de sua especialidade e nos resultados que são esperados de você.

SER VOLUNTÁRIO

O voluntariado encabeça a lista por uma simples razão: para se destacar num ambiente competitivo, as exigências são extremas e os riscos são constantes e em níveis variados e, por isso, não é razoável contar com pessoas que precisam ser empurradas, isto é, ter motivação externa e estímulos de terceiros.

É preciso querer, mas não apenas verbalmente, da boca para fora. Querer da boca para fora, como se costuma dizer, não significa absolutamente nada, não impressiona ninguém e não traz o menor resultado. A pessoa voluntária não é aquela que diz querer, uma vez que o voluntariado envolve muitos outros elementos. Por exemplo, a pessoa que tem essa característica, antes de se apresentar para o serviço, para a ação ou envolver-se com um projeto, observará o objeto de sua pretensão. Essa pessoa é analítica, observadora e tem motivação pessoal independentemente do ambiente ou circunstância na qual esteja inserida.

Pessoas voluntariosas analisam o objeto com o qual querem se envolver — objeto no sentido de empreitada, empreendimento, ação ou missão. Elas percebem a sua dinâmica, sentem-se atraídas, seduzidas, e desejam estar ali com outras pessoas, fazendo parte de algo inovador e estimulante. Mesmo que a nova atividade envolva desafios e tenha critérios objetivos, a possibilidade de dar uma contribuição sem igual, destacada e fundamental — no caso das tropas de elite, uma contribuição vital, já que vidas e a sua própria segurança estão em jogo vinte e quatro horas por dia — é o que as motivará.

40

O voluntário, antes de se oferecer para dar qualquer contribuição, deverá estar ciente dos desafios e das responsabilidades que irá enfrentar — além dos riscos, evidentemente. De posse dessa prévia avaliação do cenário, reunindo as informações que são constantemente checadas a partir do seu próprio histórico de atuação em operações ou empreendimentos anteriores, ciente de que haverá passos a serem dados num terreno imprevisível, desconhecido, o voluntário decidirá ou não se candidatar para a ação, operação ou empreendimento.

Nas grandes corporações, sejam nos bancos mais tradicionais, sejam nas empresas de tecnologia do Vale do Silício, não há fila para preencher vagas nas funções mais cobiçadas e de melhor remuneração. Essas vagas sequer aparecem em algum site de recolocação profissional. As vagas mais cobiçadas estão ocupadas por alguém. Mas como se chega até elas? As empresas mais concorridas não estão conseguindo reunir os profissionais que atendam integralmente aos requisitos para preencher essas vagas. Assim, quando identificam alguém no mercado que se enquadre no perfil esperado — e em geral eles já estão empregados —, as empresas vão atrás desse profissional com um pacote de remuneração e benefícios a fim de encantá-los por meio de uma oferta, via de regra, generosa, mas nem sempre irrecusável. Já se nota nos profissionais de alta performance que o dinheiro não é tudo; é o desafio acompanhado da justa retribuição pelo esforço que motiva esse tipo de profissional a ser voluntário em um projeto.

De acordo com Sérgio Farjeman, diretor de RH do Itaú Unibanco, o banco está revendo todas as práticas de contratações e desligamentos. Segundo ele, o pessoal é avaliado em dois eixos: resultados entregues e como foram entregues. Isso tudo alinhado com a direção do CEO Candido Bracher, que tem por meta tornar o Itaú Unibanco tão admirado quanto Apple, Google e Amazon, e para isso é indispensável que os colaboradores se transformem em embaixadores da marca.

Desse aspecto talvez se possa elucidar o motivo pelo qual já não é mais virtude inquestionável, como era antes, uma carreira linear em uma mesma empresa. Enquanto no passado isso era visto como certa estabilidade, hoje já surgem suspeitas de acomodação, e é por isso que profissionais de alta performance, de forma cada vez mais frequente, possuem em seus currículos experiências múltiplas em diversas empresas, ou ainda, mesmo tendo uma carreira longa em uma empresa, possuem uma trajetória ascendente de desafios, que, em hipótese alguma, pode ser confundida com acomodação. Trata-se de um desafio permanente para não cair na "areia movediça" da zona de conforto. Sobre isso iremos tratar um pouco mais à frente.

Assim, o voluntariado é a marca, tanto de um policial que poderá ser um forte candidato a uma tropa de elite, como de um profissional que está no mercado e tem a ambição pelas melhores ocupações disponíveis no seu cenário em sua área de atuação.

De tudo isso, esteja certo que só fazer o que mandam, cumprindo as horas diárias de trabalho conforme previstas na CLT, dando o seu básico na cooperação para a melhoria de todo o processo na sua empresa e "deixando cair a caneta da mão" – em outras palavras, desconectando-se no final do expediente – talvez seja melhor você parar de ler este livro por aqui. De profissional "nota 5" o mundo já tem o suficiente. Para nós das tropas de elite pode até existir um dia bom, mas não um dia fácil.

Ao contrário, as grandes corporações estão "pegando no laço" aqueles que "vão pra cima", que chamam para si a responsabilidade e dão conta do recado. E tenha certeza de uma coisa: sem que haja voluntariedade, sem a disposição para o enfrentamento das questões vitais de uma grande corporação, sem esse roteiro de avaliação da situação, sem a tomada de consciência pessoal para assumir riscos, tendo em vista uma relativa margem de segurança, sem as oportunidades de ser criativo e inovador, sem a conquista de terreno — isto é, mercados — e preenchimento de espaços — isto é, ser lembrado, "top of mind" —, milhões de profissionais permanecerão onde estão.

Parta do pressuposto de que quem está numa empresa de alta performance está lá porque quer, porque colocou na cabeça que lá era o lugar alcançável somente por seus esforços, e sem eles nada teria mudado.

Tudo o que explorei até agora nem de longe quer dizer que a vida é só trabalho. Ao contrário, igualmente importantes são o convívio com a família, o descanso e o lazer, e cabe a você encontrar o ponto de equilíbrio adequado. A melhor alegoria com a qual posso ilustrar vem do artista de circo que mantém vários pratos girando simultaneamente sobre uma haste. Cabe a ele focar sua atenção para que nenhum dos pratos perca a velocidade e despenque no chão, mas note que é um trabalho no qual ele se dedica com muita atenção.

É por isso que as empresas mais modernas têm oferecido aos seus colaboradores horários mais flexíveis, áreas para uma soneca ou uma distração, múltiplos espaços de alimentação e até certa liberalidade com a maneira de se vestir. Isso quer dizer que há uma atenção maior com a individualidade e um distanciamento do padrão conhecido, com expediente que começa às oito da manhã, das doze às treze, intervalo para o almoço e, às dezoito horas, o último que sair desliga a luz e fecha a porta. As empresas de alta performance estão mais preocupadas com a entrega de seus colaboradores. Como diz o provérbio japonês: "Visão sem ação é devaneio. Ação sem visão é um pesadelo".

Recentemente, recebi um convite para almoçar com uma pessoa que trabalha numa empresa de alta performance e, ao aceitar, perguntei: "Qual é o seu horário de almoço?". Ela respondeu que na empresa dela não há regras para isso, fica a critério do próprio colaborador decidir se almoçará em quinze minutos, em uma hora, em duas horas quando o dia estiver bem tranquilo, e até não almoçar para o cumprimento de uma meta sob sua responsabilidade. Isso se estende no que diz respeito aos horários de entrada e saída.

Em síntese, nas empresas de alta performance, como dizem os americanos, *at the end of the day* — no final do dia —, você é aquilo que entrega.

Em geral, quando falo sobre resultado nas minhas aulas e palestras, o pessoal de Recursos Humanos (RH) ergue as sobrancelhas

SUPER PERFORMANCE

de forma atônita e, antes mesmo que esboce uma reação de questionamento, eu me antecipo e disparo uma segunda rajada. É quando afirmo que o RH sempre tenta uma espécie de cortina de fumaça ao propor participação na disputa para a empresa ter destaque na competição do Great Place to Work, Outubro Rosa, Novembro Azul, funcionário do mês, premiação por tempo de empresa e outras tantas "celebrações", culminando ou na convenção anual ou na tão esperada "festa da firma".

E nessa hora brinco que essas propostas são manobras arquitetadas para disfarçar aquilo que verdadeiramente é o que se espera de você, ou seja, o resultado. Ao finalizar a segunda rajada, o furor salta aos olhos, e fica fácil identificar quem é colaborador do RH. Eles ficam inquietos na cadeira, já ensaiam levantar o braço para manifestar sua discordância, mas é nesse momento que alcanço o meu êxtase, pois sigo incontinente para puxar o gatilho que dispara, no sentido figurado, a arma mais letal, assim como o tiro de um sniper — atirador de elite das tropas de elite. E, dessa forma, explico que o CEO da empresa só tem uma preocupação verdadeira e ela cabe num pedaço de post-it: chama-se "ROI", *return of investment*. Ou seja, quanto subimos no faturamento, quanto diminuímos os custos e quanto auferimos na margem líquida de lucros. Essa é a preocupação, pois quando ele se reúne com o Conselho de Administração, para além do café e das amenidades, é só isso que interessa.

Provocações à parte, quero falar um pouco sobre a área de Recursos Humanos. Se você chegou até aqui, pode parecer que nas linhas anteriores deixo transparecer um desprezo pela área de RH. Mas já adianto que essa não é a maneira como penso. A começar pela nomenclatura, acho imprópria a expressão "Recursos Humanos" por entender que o ser humano é muito mais do que um recurso (falarei sobre isso mais adiante). Algumas empresas já abandonaram essa expressão.

É indiscutível que as inovações da inteligência artificial, internet e avanços na robótica têm provocado uma verdadeira revolução no mercado de trabalho. Se você olhar uma foto na área de montagem de uma indústria automobilística de ponta no final do século XX e compará-la com uma mais recente do século XXI, sentirá um baque significativo.

Na Alemanha já há linha de produção só com robôs. A pergunta é: isso diminui a importância do ser humano? A resposta é: não, pois o que muda são as novas demandas que a tecnologia impõe ao mercado de trabalho. De acordo com João Lins, diretor-executivo da Fundação Getúlio Vargas:

> Esta década será marcada pela automação das tarefas cognitivas, e não apenas das atividades repetitivas. Quem estiver no mercado de trabalho nos próximos dez anos vai trabalhar em constante interação com a máquina, não apenas com a mecânica, mas com a inteligência artificial, que toma decisões junto com as pessoas ou no lugar delas.

Ao falar da tecnologia como uma palavra que sintetiza o avanço e a modernidade, pode-se afirmar que sempre haverá o fator humano por trás de seu desenvolvimento e de sua aplicação, e é por isso que acredito que o ser humano é o que há de mais valioso em uma empresa. Uma empresa pode ter o melhor equipamento, o melhor software, mas se não tiver o ser humano verdadeiramente comprometido com a causa, o sucesso não será alcançado.

Assim, é indispensável em qualquer empresa uma área para fazer a gestão dos colaboradores, acompanhá-los em seu desenvolvimento pessoal, explorar o potencial de cada um e aferir o desempenho. É assim que verdadeiramente enxergo o mundo como de fato ele é nas empresas de alta performance.

Para encerrar esta parte, quero apresentar e explorar o significado real da "Oração do Guerreiro". A polícia tem seus guerreiros da obstinação, cujos valores são a virtude e os altos ideais. Por isso, esses guerreiros reforçam tais valores e virtudes na oração que fazemos com a tropa reunida no GATE:

Ó Senhor meu Deus, dai-nos somente aquilo que vos resta.

Dai-nos a fome, dai-nos a sede, dai-nos o frio, dai-nos o medo, e dai-nos, acima de tudo, ó Senhor, a fé, a força, a coragem e a vontade de vencer.

Uns têm, mas não podem; outros podem, mas não têm. Nós que temos e podemos, agradecemos ao Senhor

— "Oração do Guerreiro", GATE.

Essa oração é uma espécie de mantra para reforçar tudo o que foi falado até agora a respeito do voluntariado e muito mais. Em geral, ela é feita antes de um grande treinamento ou mesmo de uma operação para a qual iremos partir. Se você a leu atentamente, não tenho dúvidas de que, no mínimo, você a achou curiosa ou intrigante, mas na verdade ela é uma provocação de altíssima pertinência nas tropas de elite e nas empresas de alta performance. Vou explicar parte por parte o seu real significado.

A primeira frase: "Ó Senhor meu Deus, dai-nos somente aquilo que vos resta". Faça você mesmo essa experiência, junte um grupo de amigos ou de colaboradores de sua empresa, faça uma roda e pergunte a cada um: "O que você pede para Deus?". As respostas, em geral, serão sempre as mesmas: saúde, proteção, felicidade, paz mundial, sucesso e outras da mesma relevância. Se você insistir um pouco mais, alguns falarão palavras de uma segunda classe de importância se comparadas às primeiras já citadas, como por exemplo: promoção, casamento, aumento de salário, e assim por diante.

Ponha-se no lugar de Deus como sendo chefe do almoxarifado onde se concentram caixas que contêm cada uma dessas coisas. Como estaria o almoxarifado de Deus com esses "produtos" se todo mundo só pedisse as mesmas coisas? Convenhamos, por melhor que seja a logística do Divino, ele não daria conta de tantos pedidos dessas mesmas coisas todos os dias e, por isso, nós das tropas de elite não pioramos a situação já complexa de Deus. É como se estivéssemos com disposição de ajudar dando um alento, pedindo a

Ele só o que ninguém pede, portanto, o que resta. Entendeu? Claro que não, ainda é cedo. Continuemos.

"Dai-nos o frio, dai-nos a fome, dai-nos a sede, dai-nos o medo". Parece loucura, não é mesmo? Mas nós, das tropas de elite, ao pedirmos isso, falamos de forma alegórica, metafórica, pois no nosso segmento da atividade policial, estamos preparados para ir aonde os nossos policiais "clínicos gerais" não conseguem, porque lhes faltam o treinamento, o equipamento e as habilidades que as tropas de elite têm. Os nossos policiais ordinários não conseguem, muitas vezes, ir aos locais mais complexos onde a percepção sobre a presença do Estado é bastante diminuta, onde as carências da sociedade se mostram mais severas e os locais são mais perigosos. Ao pedir a fome, a sede, o frio e o medo, nós, especialistas, afirmamos que eles não conseguem, mas nós conseguimos, e é nessa parte da oração, aplicada ao mundo corporativo, que se abre o espaço para a inovação, criatividade, exploração de novos mercados, de novas possibilidades de negócios. É nessa hora que as empresas de alta performance, diante de uma crise, tiram apenas o "s" da palavra "crise" e, diante da escassez de qualquer natureza, fortalecem-se, porque crise sem o "s" é crie. Nessa hora é que se observam as possibilidades, antes desprezadas, de redução dos custos que nos períodos de bonança não eram levados em conta. Acredito que você já percebeu que começamos a fazer sentido integral no mundo corporativo.

"Mas dai-nos, acima de tudo, ó Senhor, a fé, a força, a coragem, e a vontade de vencer". Nessa parte da oração, colocamos o pé no chão da realidade. Esse é o momento que nos reconhecemos como humanos, e como humanos não somos perfeitos. A palavra "perfeito" vem do latim *perfecto*, que significa coisa pronta e nós, seres humanos, estamos longe disso. Não nascemos prontos, e cada dia é um dia de aperfeiçoamento e de melhora, por isso não podemos prescindir de algo maior. Seja lá qual for a fé que você professe para buscar o aperfeiçoamento constante, precisamos sempre manter a fé, a força, a coragem, a perseverança e a vontade de vencer.

"Uns têm, mas não podem; outros podem, mas não têm. Nós que temos e podemos, agradecemos ao Senhor". Nessa parte final da

SUPER PERFORMANCE

oração, procura-se ressaltar como é importante e como nos enche de orgulho pertencer a uma equipe de alta performance em uma instituição renomada. Quem não quer trabalhar nas empresas que são destaque nos cenários nacional e internacional? Quando se abrem vagas para um Curso de Operações Especiais, porta de entrada para quem almeja pertencer a um grupo de elite, aparece quase uma centena de candidatos para disputar uma das trinta vagas, em geral disponibilizadas em um curso dessa natureza. Quem são esses candidatos que se dispõem a enfrentar um curso com tantos obstáculos? Será que são aqueles que, olhando o catálogo de cursos oferecidos pela instituição, viram na lista o Curso de Operações Especiais e de repente decidiram se inscrever? Asseguro a você, meu prezado leitor, que isso está longe da realidade. Aquele que tem interesse em pertencer a um grupo de elite já se preparou, no mínimo, um ano antes da abertura das inscrições, pois sabe que o processo seletivo é duro e, em geral, apenas trinta dos cem bons candidatos que aparecem para disputar uma vaga conseguem a aprovação.

Isso também ocorre nas empresas de alta performance. Quando se abre um programa de *trainee*, não é qualquer um que se inscreve, mas sim aqueles que reúnem as mínimas condições para atender às exigências e alcançar alguma chance de contratação.

Para exemplificar, tomemos uma dessas empresas de consultoria. Refiro-me às conhecidas como *top three*. Será que lhe causa estranheza imaginar as dificuldades que terá um candidato que não vem de uma escola de ponta e não é fluente em pelo menos mais de um idioma? É claro que o percurso para o ingresso em uma tropa de elite e uma empresa de alta performance é exaustivo e, por isso, quando você tem sucesso, o sentimento é de alegria e de orgulho.

Resumindo, o caminho da elite, seja na tropa, seja na equipe empresarial, é o caminho mais obstruído. Por isso, ele também será o mais celebrado. E para chegar ao topo será preciso querer muito. Será preciso se apresentar como voluntário. Em outras palavras, nós, tropas de elite, e você, numa empresa de alta performance, diferimos no calendário para o *happy hour*. Para nós, *happy hour* acontece às segundas-feiras de manhã. E a que horas acontece o seu?

Temos pena daqueles que querem ver a vida chegar ao fim e dão mostras disso quando dizem: "Não vejo a hora de chegar sexta-feira... o mês de julho, as férias, a aposentadoria...". Nós esquentamos a chapa bem cedo!

Há momentos em nossa carreira que parecerá que estamos apenas "trocando de pele", ou seja, as mudanças que ocorrem são aparentes, mas essas mudanças fazem parte dos momentos de transição. Por isso, não deixe a sua vida se tornar um tormento constante, uma tortura o tempo todo. Procure algo para fazer que dê a você o prazer necessário para que não precise pensar em parar nunca. Aprenda a gostar até daquela parte do processo que você, normalmente, não gosta, porque ficará feliz com o resultado e a realização, não se contentando com a parte da qual não gosta. Visualize o projeto integralmente e veja você se encaixar nele como uma parte imprescindível.

E, caso se veja encaixado no projeto, caberão duas coisas: honrar o legado daqueles que passaram o bastão para você e entregar ou passar o seu bastão, melhor e mais forte, para aquele que lhe sucedeu ou, no futuro, a quem um dia o sucederá.

TER SENSO DE PERTENCIMENTO

A segunda característica explorada na tropa de elite é o senso de pertencimento, que é a alegria e o orgulho por pertencer a uma tropa de elite ou a uma empresa de alta performance. A transição ocorre do individual para o coletivo. Uma vez dentro, o novo membro se vê cercado de pessoas que são ou que estão no mesmo nível, que detêm as mesmas virtudes ou que reúnem características semelhantes e virtudes pessoais que as farão uma equipe forte, imbatível e vencedora. Não haverá desconfiança, melindres, insegurança, porque ali estarão os melhores.

É um nível de pertencimento tão elevado que faz com que o seu compromisso alcance o nível de "dono do negócio". Trata-se de um comportamento compatível com o que afirma Caio Bianchi:* "A cultura organizacional está mudando e o senso de dono do negócio é cada vez mais solicitado".

Lembro-me bem de quando minha filha passou no vestibular para a Escola Politécnica da Universidade de São Paulo. Foi um momento de êxtase pessoal para ela e para toda a família, tendo em vista que as notas de corte do vestibular, em especial para os cursos de Medicina e Engenharia, são bem altas. Da alegria como sentimento inicial brota um orgulho pela façanha alcançada, até o dia da reunião com os pais e alunos. Nesse dia, os pais podem acompanhar seus filhos vitoriosos num dos auditórios da universidade. O clima é de alegria, orgulho e certa pompa quando, então, no início da cerimônia, o diretor saúda a todos os presentes, cumprimenta os aprovados e os seus parentes que os acompanham, reconhece o mérito por terem passado em um vestibular concorrido e daí solta a "pérola" que faz com que os aprovados retornem à terra e ponham seus pés no chão novamente: "Vocês alcançaram feito notável concorrendo com muitos que não tinham, naquele momento, a mesma aptidão e preparo. Devo lembrá-los que de agora em diante o jogo muda, há uma equalização entre todos vocês, novos alunos, nesse ambiente, e isso faz toda a diferença, pois também aqui as melhores oportunidades nos estágios dependerão do seu destaque, agora estando entre os melhores".

As tropas de elite e as empresas de alta performance não são experimentos, ensaios, tentativas, nem um grupo formado para dar oportunidades a pessoas que não têm mérito, isto é, não são um cabide de emprego. A meritocracia rege as relações nas empresas de alta performance, assim como o ingresso dos melhores policiais em uma tropa de elite.

De acordo com Josué Bressane, diretor de Gestão e Performance da Consultoria Lee Hecht Harrison, "os jovens que estão entrando no mercado buscam mais tempo para projetos pessoais

---

* Coordenador do Digital Business Lab e professor de pós-graduação da ESPM.

OS VALORES DE UMA TROPA DE ELITE

e envolvimento com a comunidade", fazendo-nos resgatar a ideia de que o ser humano é um agente social. Ele está no planeta e todos os modelos de organização que criou obedecem ao mesmo e único critério: a sociabilidade. Somos seres sociáveis e a sobrevivência é ameaçada diante do isolamento. Toda organização humana se dá em termos coletivos, e juntos somos mais fortes!

O senso de pertencimento proporciona sensações reais, além de nos dar uma base emocional segura para sabermos que haverá socorro caso alguém seja atingido, proteção caso alguém se defronte com uma força maior, ampliação do raio de ação, porque não estaremos sozinhos: haverá sempre alguém com quem compartilhar os medos, as dúvidas, as inseguranças, mas também as alegrias, as vitórias e as conquistas.

O senso de pertencimento em uma equipe difere radicalmente do ambiente coletivo em empresas menores. Isso se dá por uma razão aparentemente simples, mas que só se observa em pessoas evoluídas que formam equipes maduras. Nas equipes formadas por pessoas assim, já foram superadas as picuinhas pessoais, a fase do disse que disse, da concorrência por visibilidade, da hipersensibilidade por qualquer motivo.

Pessoas que são engajadas em ações, operações e empreendimentos de alto nível já superaram as pequenas questões, rasas, porque pensam grande, pensam coletivamente, querem "elevar a altura do sarrafo",* deixar uma marca na história e se tornar referências. Mas, para que isso aconteça, o senso de pertencimento deve existir, ser percebido e sentido por todos, uma vez que sozinho ninguém vai muito longe.

"A força da matilha é o lobo e a força do lobo é a matilha." É por isso que as equipes são formadas: para que a somatória de talentos e de habilidades, virtudes e potencialidades, no conjunto de diferentes profissionais torne menos difíceis o alcance dos

---

* Essa é uma expressão usada pelos atletas do salto em altura, que são desafiados a saltar com a vara (sarrafo) colocada cada vez mais alto nas competições.

objetivos. De acordo com Eliane Siviero, presidente da Lanxess do Brasil, esse modo de colocar em prática os valores e princípios da empresa representa a "cultura da performance". Segundo ela, valores como respeito, confiança, integridade, senso de propriedade e profissionalismo devem estar presentes em todas as decisões e atitudes, propiciando um ambiente de trabalho colaborativo e positivamente energizado.*

CUMPRIR AS NORMAS

Outro valor de uma tropa é o cumprimento de normas, ou *compliance*, no sentido mais amplo e na excelência de resultados esperados. Essa característica não se exige uma vez; é preciso fazer dela uma constante. Ela deve entrar na rotina, porque cumprir normas, preservar uma disciplina e seguir dessa forma é o que assegurará os melhores resultados.

As normas existem para isso: facilitar o acesso aos melhores resultados, preservando a segurança e a legalidade. No caso empresarial, a norma assegura à empresa os meios justos e legais pelos quais ela irá operar no seu mercado, evitando descontrole jurídico e descompasso ético nas relações pessoais, sociais e econômicas.

Esse rigor no cumprimento das normas deverá ser trazido conosco como parte da experiência e vivência pessoais. Tenho uma interessante história de quando precisamos desenvolver um novo modelo para o GATE e seguir com a sua implantação. O nosso modelo foi a SWAT norte-americana. À época, a estrutura da Segurança Pública do Estado de São Paulo ampliava o número de distritos policiais e se esforçava pela implantação do projeto Rádiopatrulhamento Padrão e, em particular, pela criação dos grupos especializados. É daí que surgiu a ideia de criar o GATE em caráter experimental, e eu tive o privilégio de ser um de seus fundadores,

---

* Revista *Você S/A*, novembro de 2019.

OS VALORES DE UMA TROPA DE ELITE

sendo designado também um contingente de policiais voluntários para dar início ao projeto.

Não tínhamos o *know-how* para atuar de forma técnica e não existia a Doutrina de Gerenciamento de Crises no País, a tal "norma". A criação desses grupos aconteceu por meio de fragmentos de informação, que foram captados de maneira precária a partir de materiais que estavam disponíveis, como apostilas e livros que chegavam até nós, boa parte trazida do exterior. Observávamos os grupos europeus e os norte-americanos, mas foi a SWAT de Miami que tomou a dianteira e veio com a sua equipe de instrutores para o Brasil, a fim de qualificar tanto os policiais do GATE quanto os integrantes do GER, Grupo Especial de Resgate, da nossa coirmã, a Polícia Civil de São Paulo.

O corpo de instrutores da SWAT de Miami que veio ao Brasil já tinha a experiência na formação de outros grupos na América Latina. Disponibilizaram trinta vagas para cada instituição, informando-nos os pré-requisitos mínimos para se ter alguma chance de sucesso na empreitada, que, como já tinha sido dito, seria dura.

No GATE, fizemos uma seleção interna e só conseguimos apresentar vinte e oito dos melhores policiais que dispúnhamos, sob o ponto de vista do condicionamento físico e perícia em tiro. Na Polícia Civil, foram indicados trinta e cinco policiais, a maioria pertencente ao GER e à Delegacia de Roubo a Bancos. Na aula inaugural, o Tenente O'Brien, líder da equipe de instrutores da SWAT, explicou o desenvolvimento do curso e destacou o nível de exigência bastante elevado, afirmando que a sua experiência demonstrava que apenas 40% dos que iniciavam o curso conseguiam concluí-lo. Nós, que estávamos na sala, nos entreolhamos e duvidamos. E nós pensamos: "Aqui no Brasil a coisa vai ser diferente. A sua experiência vai tombar". Aquilo não deveria ser tão rigoroso a ponto de mais da metade dos sessenta e três policiais não suportar. Não achávamos possível.

O ambiente de um bom curso promove crescimento em três níveis. O primeiro é o crescimento vertical, que ocorre pelo novo aprendizado incorporado ao nosso repertório. O segundo é o crescimento horizontal, a revisão daquilo que já sabemos, mas que é

SUPER PERFORMANCE

explorado de outra maneira, com nova abordagem e pequenas adaptações que são assimiladas rapidamente, como estamos fazendo neste livro. E o terceiro nível de crescimento ocorre na rede de relacionamentos, construída entre integrantes de grupos distintos, no caso, as diferentes corporações. Nesse nível, aparam-se as arestas, minimizam-se os atritos e compreende-se melhor uns aos outros. Na edição do curso, realizada em 1990, passamos por todos esses crescimentos.

A seleção inicial da primeira edição naquele ano, conforme proposta pela própria SWAT, previa um exame seletivo nos seguintes termos:

- Corrida de 2400 metros em doze minutos;
- Corrida de 100 metros em menos de quinze segundos;
- Corrida de 100 metros em menos de quarenta e cinco segundos com carga correspondente ao próprio peso corporal;
- Dez barras completas;
- Cinquenta abdominais em um minuto;
- Sessenta flexões de braço em um minuto;
- 200 metros de natação sem interrupção;
- Subida de seis metros na corda lisa com apoio dos pés;
- Transposição de obstáculo com dois metros e oitenta de altura.

Para encurtar a história, falando apenas sobre os candidatos da Polícia Militar e da Polícia Civil, que somavam sessenta e três candidatos, somente vinte e seis terminaram o curso, ou seja, por volta dos 40% como havia dito o chefe dos instrutores da SWAT. Ele mais uma vez tinha acertado, e me orgulho toda vez que olho para o meu brevê de aprovação. O que leva um candidato motivado a não conseguir superar os exames de um curso? Há vários fatores, mas primordialmente não seguir as normas, não se preparar intelectualmente, não conhecer os procedimentos e todo o repertório necessário para o bom desempenho dessa nova atividade. Todos esses fatores estão, de um modo ou de outro, relacionados ao conhecimento das normas que regem qualquer segmento ou ramo de atividade, especialmente as rotinas das empresas de alto desempenho.

O sucesso não vem sem os critérios mínimos, por vezes básicos, de preparação, qualificação, aprendizado constante, conhecimento das normas e empenho por vê-las cumpridas, e a garra. As normas existem porque a experiência demonstra a sua necessidade. O cumprimento delas, o enquadramento na legislação, estar em conformidade — compliance — é uma base segura sobre a qual se deve caminhar. A experiência, o conhecimento acumulado e o cumprimento das normas não podem ser desprezados em momento algum.

A palavra compliance pode ser entendida como conformidade, cumprimento e observância aos regulamentos internos e às leis.

As atuais ações em curso hoje desencadeadas pelo Poder Judiciário e as práticas corporativas, aliadas ao universo político e seus resultados questionáveis, fizeram emergir mais fortemente a importância do compliance ser levado mais a sério a ponto de influir até no risco de desaparecimento de uma empresa.

Para as tropas de elite no universo policial, isso não representa novidade, tendo em vista que um dos fundamentos éticos expresso na doutrina é a Fidelidade aos Princípios Doutrinários. Trata-se de uma forma diferente de se dizer a mesma coisa, pois doutrina nada mais é do que um "caminho seguro", ou seja, algo que foi pensado, analisado e decidido por meio de um regramento que deve ser observado e seguido. É o melhor a fazer, o que traz menos riscos no sentido mais amplo, seja em termos de segurança do agente, das boas práticas ou da imagem corporativa.

Eis, no universo policial, o sucesso do programa "Tolerância Zero" na cidade de Nova York e também a regulação que uma empresa possui quanto ao tipo de presente e o respectivo valor que um funcionário poderá receber, isso apenas para citar dois exemplos do ambiente público e privado.

Assim, é muito comum as instituições e empresas possuírem seus regramentos internos para proteger seus ativos tangíveis e intangíveis, criando também uma atmosfera de organização e

SUPER PERFORMANCE

disciplina, que tem o importante efeito profilático para se distanciar de coisas mais graves. Essa é a forma mais conhecida de compliance, que diz respeito às possibilidades de fraude, desvios de conduta, aproximando a empresa ou instituição inclusive de crimes.

Entretanto, existe outro aspecto do compliance, ainda pouco percebido, que diz respeito à produtividade, ao alcance das metas, ao fortalecimento da marca, tudo convergindo para uma melhoria do padrão de qualidade e entrega que se propõe. Como exemplo, pode-se dizer que compliance é também o ritual de abertura de uma rede de lojas no horário determinado em qualquer ponto que ela se encontre no país, assim como as normas de arrumação dos produtos em uma loja de departamentos para aumentar o potencial de vendas junto aos clientes. Em síntese, o compliance veio para ficar.

Há um ditado nessa área que diz: "Se você acha o compliance caro — no sentido de custo e dificuldade — experimente o não compliance".

Assim como acontecem com as leis que podem ser aperfeiçoadas no tempo e no espaço, o mesmo pode ocorrer com as normas internas das instituições públicas e empresas – enquanto estiverem em vigor devem ser cumpridas.

Uma instituição pública ou uma empresa, na qual cada um faz o que quer ou se relativiza o cumprimento das normas ou da própria lei em alguns setores subordinados, assume sérios riscos na disciplina interna, no sentido de descompromisso e impunidade, o que seguramente levará a consequências mais graves, e é nessa hora que uma instituição muitas vezes se dá conta de que a ação de uns poucos pode derrubar o trabalho correto da maioria.

TER ORIENTAÇÃO PARA RESULTADOS

Outro valor inerente às tropas de elite e que os profissionais de alto desempenho rapidamente irão assimilar é a orientação para resultados. Essa expressão significa que se deve aceitar os ônus e os bônus do trabalho sob pressão, vinda de diferentes frentes, sem perder o foco, isto é, mantendo-se orientado para os resultados esperados.

Em um mundo cada vez mais volátil, incerto, complexo e ambíguo, se você não está disposto a abandonar de vez a zona de conforto, o risco de sucumbir será bastante alto. Seja qual for o seu negócio, a última linha do planejamento é o resultado.

Na criação do GATE e nos anos que se seguiram, foi preciso mudar a cultura e os paradigmas pelos quais os policiais atuavam no atendimento das chamadas. Implantamos desde muito cedo as novas características que nortearam o trabalho do grupo com orientação para o resultado.

Eu gostaria de encerrar esse valor falando dos três significados dos números que usamos para identificar os policiais nas tropas de elite.

Você já deve ter reparado nos filmes e nas tropas de elite que os alunos do Curso de Operações Especiais usam um boné com um número. Em geral, começa com 01 — o policial com maior graduação ou patente* — e vai até o último número, que corresponde à quantidade de alunos aprovados no exame seletivo.

O primeiro significado ou utilidade do número demonstra que, entre os alunos, não pode haver hierarquia; aluno é aluno. Embora as polícias sejam rigorosamente hierarquizadas, no momento de formação dos novatos, essa característica não é exaltada. Todos passam por uma formação e, durante a realização desse preparo, eles começam o treinamento com as mesmas características, isto é, ninguém deve aparecer mais, nem menos. Todos estão ali para aprender. As chances e oportunidades estarão indiscriminadamente abertas. Não importa se você é soldado, sargento, tenente ou capitão: naquele momento você é aluno igual a todos os outros.

---

* Graduação é denominação da hierarquia dos praças. São elas: Soldado, Cabo, 3º Sargento, 2º Sargento, 1º Sargento e Subtenente. Patente é a hierarquia destinada aos oficiais. São elas: 2º Tenente, 1º Tenente, Capitão, Major, Tenente-coronel e Coronel. Tal hierarquização é válida para as Polícias Militares.

A segunda utilidade do uso de número nas tropas é para facilitar o manejo do curso, uma vez que os instrutores sentem dificuldade para decorar os nomes dos alunos. Além disso, quando se aumenta a impessoalidade, foca-se mais no objetivo a ser alcançado, na transmissão dos conteúdos, valores, conceitos e demais dados e informações necessários à formação dos novos quadros. Portanto, trata-se de uma questão de pragmatismo didático.

E, finalmente, a terceira utilidade é para reduzir a identidade de uma pessoa a um número – isso nos faz lembrar que todos somos substituíveis. É esse significado que mais se aproxima daquilo que interessa a você, leitor, que atua no mundo corporativo.

Na sociedade de hoje, somos aquilo que entregamos a quem nos contrata, a quem conta com o nosso serviço. Mais uma vez, destaca-se aquele que tiver o melhor diferencial, que apontar melhores caminhos, que obtiver melhores resultados ou que entregar aquilo que foi acordado entre as partes.

Ainda que introdutoriamente, por essas características, nós das tropas de elite orientamos o nosso comportamento e as nossas ações. Temos reconhecido os pontos que precisamos melhorar, mas não negamos já ter avançado bastante. A melhoria é um processo que não deve ter fim, e quero que você considere isso como uma ordem do Comandante Lucca: cultive esses valores, desenvolva as características que apresentei aqui e seguramente a sua missão ficará mais fácil de ser realizada, com resultados mais robustos e notáveis.

Lembre-se de que não importa o seu *status* atual, você também caminha para a obsolescência e, como muitos que também podem ter uma carreira vitoriosa, um dia você será chamado, uma festa será organizada em sua homenagem e você receberá um relógio, uma placa com belos dizeres de agradecimentos e, após os incessantes aplausos, receberá o abraço caloroso de despedida. Você seguirá seu novo caminho e a empresa seguirá o dela, mas isso não significará tristeza, nem menosprezo ao seu trabalho de tantos anos. Será apenas um ciclo que se encerra para que você inaugure um novo em sua vida, mas com orgulho e satisfação de ter contribuído para a força da marca que você ajudou a construir. É assim que me sinto quando olho o GATE nos dias atuais.

LIDAR COM O DESCONFORTO

A primeira marca que caracteriza essa cadeia de valores, e que talvez seja a mais incômoda — sem trocadilhos —, chama-se desconforto. Para nós, integrantes de uma tropa de elite e para os profissionais nas empresas de alta performance, não deve haver *zona de conforto*. Como costumamos dizer: "Para nós é chapa quente o tempo inteiro!". Sabe o que isso significa? Que não haverá descanso, não haverá sossego nem tranquilidade. O tempo todo devemos estar alertas, prontos para agir, no domínio de cada detalhe da situação, do ambiente, dos elementos e das pessoas envolvidas na cena, porque a qualquer instante o cenário poderá mudar e nós precisaremos entrar em ação com a maior precisão e assertividade para poder fazer a diferença e entregar o que se espera de nós.

De uns tempos para cá, passei a jogar tênis de quadra. O professor que me treina disse que devo me mexer o tempo todo quando estiver jogando. "A quadra está quente, Lucca. Mexe esse pé!" É assim que funciona. Para mim, que vim de um ambiente que exige esforço mental e físico, está muito evidente qual é a situação que ele quer reproduzir. Quando o professor disse isso pela primeira vez, soube exatamente o que ele estava querendo provocar em mim. A zona de desconforto é o nosso território, é o meu e deve ser o seu também, se você trabalha numa empresa de alta performance.

Imagino que o leitor tenha assistido ao primeiro *Tropa de Elite*, porque foi muito divulgado e teve uma grande repercussão. Mesmo quem não o assistiu deve ter ouvido comentários de colegas e de pessoas próximas. Quero tentar traduzir uma cena do filme que, para muitos, foi engraçada. Muita gente comentou ter se divertido, mas posso assegurar que o produtor não teve como objetivo levar aquela cena "até a segunda página", isto é, aprofundar a questão. Filme é entretenimento e, ainda que a cena seja muito próxima da realidade, muitas vezes, quem assiste só consegue entender de forma superficial o que está por trás dela.

A cena em questão mostra o Capitão Nascimento, interpretado pelo ator Wagner Moura, juntamente com seu corpo de instrutores. Eles levaram os alunos para o meio do mato quando era madrugada. Os alunos, todos muito interessados em ingressar no BOPE, estavam na semana em que nós chamamos no GATE de "a semana zero" ou "semana do inferno". Trata-se da primeira semana do curso. A certa altura da rotina de treinamento, estão todos muito cansados, a maioria já desidratada e dispondo de pouca alimentação. O esforço feito durante aqueles dias é enorme, e isso se repete por vinte e quatro horas, dia após dia. Pela madrugada todos os alunos são levados para o meio de uma floresta, para o mato, um lugar bucólico, onde só se ouve o cricrilar dos grilos.

Os instrutores e o Capitão Nascimento colocam todos os alunos numa arquibancada, toma nas mãos uma apostila e anuncia a instrução da noite. "Atenção senhores alunos, a instrução dessa madrugada é o significado da palavra estratégia". Feito o anúncio, com uma voz calma e relativamente baixa, o Capitão Nascimento começa a dar o significado da palavra estratégia em vários idiomas. Imagine o cenário: uma semana bem difícil, com muito desgaste físico, alta madrugada, no meio do mato, voz do instrutor bastante tranquila e relaxante e conteúdo completamente teórico.

Então ele começa: "Estratégia em inglês é *strategy* e em espanhol *estrategia*...". Humanamente falando, o que acontece com um dos alunos na cena? Você se lembra? Vou dar o pano de fundo para você.

Na mitologia grega, Morfeu, filho de Hipnos, é o Deus do sono. Morfeu vai estendendo o seu manto encantado sobre todos os alunos. Nós, instrutores, que acompanhamos o treinamento, ficamos de olho nos alunos. O que o filme apresenta é um exercício real de tropa de elite e tem um objetivo muito claro para nós. Então os instrutores estão ali de olho, enquanto o capitão dá as instruções tiradas da apostila. Sabemos que a fala de ares sonolentos é proposital, querendo deixar os alunos da mesma forma.

Então, um dos alunos, o 05, começa a dar uma "pescada", aquela despencada repentina de quem não está acompanhando a instrução dada. Um dos instrutores observa e diz:

— Capitão! Capitão! O 05 está dormindo.

E o Capitão Nascimento, muito bem treinado, diz:

— Senhor 05, o senhor está com sono?

— Não senhor! — responde o aluno.

— O senhor está mentindo, senhor 05. O senhor está dormindo. O senhor é um fanfarrão.

E segue a cena que vou resumir. O Capitão Nascimento pega uma granada nas mãos, volta-se para o 05 e coloca a granada na mão dele. O Capitão arranca o pino que trava a granada e pergunta:

— Senhor 05, o senhor vai soltar essa granada?

—Não, senhor! — responde o 05.

— Porque se o senhor soltar essa granada aí — continua o Capitão —, vai matar todo mundo, vai se matar, vai me matar, vai matar todos os seus companheiros. Podemos confiar no senhor?

Sim, senhor – responde o 05.

E a cena para por aí, quem a assistiu certamente já riu muito.

Vou retomar o raciocínio.

Claro que todos os que assistiram à cena se divertiram muito com a interpretação e a história em si. Mas o que está por trás disso tudo? Há algo embutido na cena que interessa para a compreensão do que é pertinente a uma tropa de elite ou empresa de alta performance.

O que está por trás da cena na floresta é uma coisa fundamental, que precede todo o ambiente de uma tropa de elite e uma empresa de alta performance, e, por esse motivo, deve interessar a cada um de nós. Por trás daquela cena está a importantíssima distinção para nós entre moral e ética.

O filme não teve o propósito de levantar essa discussão, evidentemente. Mas tocou no ponto, e isso é indiscutível. E se o filme não aprofundou a questão, você não poderá deixar de ler as minhas breves considerações sobre moral e ética. Moral é o que você faz sempre, ou não faz nunca. A manifestação da moral envolve apenas você, não depende de ninguém, nem da opinião alheia. É você com você mesmo. Esse é o quadro onde se manifesta a moral: a individualidade, o foro íntimo. Reduzindo ao máximo, poderia dizer que a moral é individual nos seus aspectos mais essenciais. Diante desse dilema, você pergunta a si mesmo e obtém as próprias respostas:

Eu quero — sim;

Eu posso — sim;

Eu devo — não. Então não faça. Mesmo se não tiver ninguém olhando ou fiscalizando.

Já a ética é um acordo existente que você cumpre para poder conviver melhor numa determinada sociedade, num grupo ou mesmo com outra pessoa. É um ajuste que fazemos para que possamos conviver coletivamente. Dou um exemplo. Você encontra uma carteira na rua. Toma a carteira nas mãos e não interessa quanto tenha dentro dela, se são cem ou mil reais. O que você fará? Do ponto de vista da moral, deverá tentar encontrar o dono e devolvê-la. Assim, poderia sintetizar o conceito de moral na sua atitude de fazer o certo e de não fazer o errado pela sua própria convicção. Mas sigamos com o aprofundamento do exemplo.

Na mesma situação, você encontra uma carteira na rua. Inicialmente, até pensou em devolvê-la, mas quando a examina, logo percebe que há uma grande soma em dinheiro dentro dela, então resolve se apropriar da carteira. Quando já havia consumado a posse, antes de sair do local, você percebe que câmeras de segurança vigiavam o ambiente. A situação se complicou. Com medo do que as imagens poderiam revelar, com medo de ser descoberto, medo da censura das pessoas que saberiam da sua desonestidade, você desiste de ficar com ela e com o dinheiro. Muda sua atitude para tentar achar o verdadeiro proprietário.

Então pergunto: você fez o correto, ou seja, devolveu a carteira ao dono? Sim. Ainda pergunto: em ambas as situações você devolveu a carteira ao dono? Sim.

Mas e do ponto decisivo da questão: as duas ações têm o mesmo valor? A resposta é não.

Aquele que devolve a carteira espontaneamente age na moral, ou seja, faz o certo, porque era simplesmente o que deveria ter sido feito. Já no segundo exemplo, embora você tenha tomado posse da carteira e, ao final agiu de forma correta, devolvendo-a para o dono, assim o fez pelo medo das consequências, da censura alheia, medo de ter sua reputação sob risco de ser manchada, pelas reveladoras imagens das câmeras de segurança presentes no local. Uma questão ética.

É óbvio que isso não tem o mesmo peso, o mesmo valor.

Profissionais que são integrantes de uma tropa de elite ou de uma empresa de alta performance devem ter como lema o padrão superior.

Vamos voltar ao exemplo da granada durante o curso. Imagine a seguinte situação: o aluno 05 concluiu o curso e ingressou na tropa de elite. Agora estamos indo para uma missão e somos encarregados de cumprir um mandado de busca e prisão em uma localidade. Por questões de segurança, escolho um lugar alto e por volta das vinte e três horas, posiciono o profissional 05 no alto de uma laje e lhe dou o seguinte comando:

"Senhor 05, o senhor vai ficar aí de vigilância e atento. A partir de agora, vinte e três horas, até o clarear do dia. Sua missão será verificar o movimento na comunidade e fazer a minha cobertura com os demais integrantes da equipe, pois, por volta das seis da manhã, faremos uma incursão para cumprir mandado de prisão, busca e apreensão conforme determinações superiores."

Finalizada a minha ordem, sua resposta será: "Sim senhor".

Poderei retornar para o meu planejamento das atividades do dia seguinte sem a menor preocupação, porque lá estará o senhor 05 cumprindo a sua missão numa boa. Imagine você, leitor, se não tivermos esse nível de confiança com os integrantes da nossa equipe: eu teria de colocar outro profissional para um fiscalizar o outro e, eventualmente, até uma câmera de segurança para vigiar os dois. Isso faz sentido?

Nós, das tropas de elite, e você, leitor que integra uma equipe de alta performance, não podemos gostar de gente que precisa ser "tutelada".

Agora passamos para a ética. Como já disse, a ética é um regramento estabelecido para que as pessoas possam conviver melhor, harmoniosamente. Ela não tem o mesmo peso e estatura da moral. Aliás, muitas vezes, a ética só existe porque a moral não dá conta de tudo nem de todos os casos.

A realidade nua e crua é que é muito fácil agir na moral em situações de "temperatura e pressão normais". Vou dar um exemplo. Por conta do elevado número de mortos e feridos decorrentes dos acidentes de trânsito, muitas alternativas foram criadas para tentar diminuir o impacto desse problema na sociedade. Uma das iniciativas aprovadas foi o limite de velocidade estabelecido nas ruas e estradas. Agora, imagine você, leitor, estando na seguinte situação: você está saindo de sua casa em direção ao trabalho, conhece bem a região e o itinerário, sai com uma boa margem de segurança, de modo a precaver-se diante de qualquer surpresa de congestionamento e está dirigindo na velocidade permitida pela via em direção ao seu destino. Se você é um cidadão consciente, que entende o motivo pelo qual a regra foi criada, e se sente compelido a colaborar, você sequer se preocupa onde estão posicionados os radares de fiscalização. Para você, a situação é simples: a velocidade é 50 quilômetros por hora, então é o que deve ser feito. Isto é, o certo a se fazer.

Por outro lado, em outro dia, por algum motivo, você se desorganizou exatamente no dia de uma reunião importante, e você não pode chegar atrasado ao seu compromisso. Se você for agir como sempre, respeitando os limites de velocidade, o atraso é inevitável, e exatamente nessa hora surge o dilema: o que fazer?

A primeira opção consiste em agir dentro da moral, isto é, fazer o seu caminho, respeitando os limites de velocidade sem se importar onde se encontra o radar ou a fiscalização, chegar atrasado ao compromisso e enrubescido pedir desculpas. A segunda opção é, apesar da sua desorganização, você se dispõe a cumprir o seu compromisso no horário, dirigindo a uma velocidade acima do permitido e só a reduzindo nos locais onde estão posicionados os radares de velocidade. Dessa forma, agirá para não levar a multa, mas seguramente assumirá riscos desnecessários para si e colocará pedestres e outros motoristas em risco. Assim, agir dentro da moral tem seus complicadores, e é por isso que são necessários os regramentos éticos que trazem consigo sempre uma consequência ou punição.

Os profissionais mais requisitados, os mais caros do mercado, os policiais que todo comandante gostaria de ter em sua tropa de elite, os visionários, os criadores de mundos, os cientistas que quebram paradigmas, enfim, todo aquele que rompe barreiras e coloca a sociedade — e por vezes a humanidade — em outro nível, em outro patamar, deve se orientar por valores desse nível, sem ser influenciado pelo pensamento e pelo comportamento geral da sociedade, que repete muito sobre ética como valor, mas que não tem sequer a noção do que se trata na prática.

Nós estamos um passo à frente, demos um passo a mais e precisamos assumir isso. O "barato da vida" é fazer o certo, porque é certo, e não fazer o errado, simplesmente porque não é para ser feito. Isso é bem simples, e é um valor para a tropa de elite. Acredito firmemente que isso deverá ser um valor para você.

Para finalizar este ponto, gostaria que você levasse em conta que, quando falamos de moral, queremos fazer emergir a virtude da "integridade". O Brasil vem passando por significativas mudanças e pondo à prova as suas estruturas dentro do Estado Democrático de Direito. Isso também traz uma mensagem para todas as instituições e para as empresas de alta performance.

As questões envolvendo corrupção ganharam visibilidade e repercussão nesses últimos anos. É uma pauta frequente no nosso dia a dia, nas mídias impressa e televisiva. Isso se deve, em grande medida, à internet e às redes sociais em geral, bem como à fluidez adquirida pela comunicação nos últimos tempos. Mas há outros aspectos que devem ser considerados: o maior entendimento das pessoas para fazer valer os seus direitos, a maior consciência para exigir que o dinheiro proveniente dos impostos arrecadados retorne para a melhoria das infraestruturas básicas e serviços de qualidade, o estabelecimento de políticas públicas consistentes para um maior bem-estar e a diminuição das desigualdades e outras tantas demandas sociais.

Sentimos tristeza com a revelação de tantos desmandos e falcatruas, mas não se pode desprezar o fato de que o espaço para quem age de forma irregular ou criminosa está cada vez mais restrito. É natural que esse processo gere muita turbulência, sobretudo na vida daqueles que optaram pelo caminho da irregularidade. A reação contrária a esse movimento de descendência acontece. Às vezes, avançamos duas casas no tabuleiro e recuamos uma, mas o saldo ainda é positivo nesse caminho que não deverá ter volta. A evidência é que alguns políticos, empresários e agentes públicos, que se consideravam inatingíveis, estão experimentando a realidade do confinamento nas prisões. Pode parecer pouco, mas sem sombra de dúvidas é um sinal claro da mudança.

Quem não está míope e insensível a esses sinais pode compreender e aceitar que a virtude da integridade tem sido cada vez mais valorizada por líderes e gestores, como é indispensável também para a maioria das pessoas.

Não podemos nos esquecer daqueles que nas manifestações de rua vestem uma camiseta verde e amarela, levam uma bandeira do Brasil, gritam "fora corruptos", mas, quando o filho dorme até mais tarde, depois de uma balada, não hesitam em pedir um atestado ao médico amigo para justificar a falta na escola. Ou aquele que esbraveja pela ética, mas estaciona o carro na vaga específica para pessoas com deficiência no shopping, ou quem só respeita o limite de velocidade onde há radar de fiscalização.

Quando se fala do princípio da integridade, não há diferença entre quem subtrai um lápis ou um milhão de reais. O que muda é só a extensão do dano.

A tecnologia, as regras cada vez mais presentes de compliance e governança corporativa, bem como a meritocracia, ganham a cada novo dia mais estatura e presença em um mundo caracterizado pela velocidade das mudanças. Basta um descuido ou simples desatenção para colocar tudo a perder.

OS VALORES DE UMA TROPA DE ELITE

A virtude da integridade não oferece muita margem de manobra. É fazer o certo porque é o certo a ser feito, ainda que isso signifique um embate com o senso comum e a cultura vigente. É estar amparado pela força das normas, regulamentos e leis. Quem age em conformidade com isso estará mais protegido, manterá a cabeça erguida e sustentará com altivez o embasamento de sua conduta.

Fora disso, será uma aventura errática com consequências indesejáveis.

BUSCAR A MELHORIA PERMANENTE

Aperfeiçoamento permanente é a vontade e o empenho para que sempre haja melhorias nos processos, nas relações e nas ações. É tentar melhorar o tempo todo. Pessoas que rompem conceitos, que colocam metas em um nível mais elevado, estão sempre insatisfeitas com o atual estado das coisas. Esse valor dialoga com o anterior, o desconforto, porque implica o pensamento e os esforços sempre voltados para mudanças, bem como também com o orgulho e o senso de pertencimento, pois, de acordo com João Augusto Teixeira, CEO da Kordsa, "a melhoria contínua foi um dos pilares para o incremento da performance financeira, o que, consequentemente, fez com que os colaboradores passassem a acreditar no negócio".*

A ideia de incorporar esse valor às tropas de elite veio da inspiração pelo que os pescadores japoneses fazem em alto-mar. Todos sabem que o povo japonês tem significativa parte de sua dieta alimentar baseada nos peixes e frutos do mar e, por conta dessa característica, a pesca profissional é um importante segmento comercial no Japão. Na culinária japonesa, a pesca do atum é quase uma tradição, mas não me refiro ao atum que encontramos facilmente aqui nos mercados do Brasil, e sim àqueles atuns enormes, pesados, que quando capturados são vendidos por centenas de milhares

---

* Revista *Exame.*

de dólares no mercado de peixes em Tóquio. Muitas vezes, esses exemplares de centenas de quilos são leiloados por valores difíceis de acreditar.

Também não é segredo para ninguém que os pescadores japoneses estão entre os líderes, talvez os maiores na capacidade de técnica e de infraestrutura. Refiro-me aos barcos especiais, que se deslocam até as águas longínquas e levam muitos dias de viagem. No entanto, quando um atum é capturado e posto à venda, a alta soma de lucro é certa.

Será que essa quase exclusividade e liderança tornam os pescadores japoneses satisfeitos com o que conseguem fazer? A resposta é não. E isso se deve a uma prática da cultura japonesa denominada *kaisen*. A palavra *kaisen* é uma junção de outras duas: *kai* — mudança — e *sen* — boa. Em uma tradução simplista, poderíamos dizer que *kaisen* significa a mudança para melhor, isto é, a busca por melhores resultados. Não caia na armadilha do "em time que está ganhando não se mexe". Deve-se mexer, sim.

Diz a lenda que um dia, mesmo com a já citada liderança, os pescadores japoneses observaram que o peixe, trazido nos tanques, ao chegar ao porto, tinha um comportamento diferente de quando havia sido capturado. Algo acontecia durante a viagem que mudava o seu comportamento. Sua atividade era mais lenta e até a textura da carne era de menor qualidade. Dessa forma, resolveram, observando o princípio da melhoria permanente, buscar uma nova forma para agregar mais valor ao produto. Decidiram fazer uma reunião aos moldes do que os americanos chamam de *brainstorming*. Em Minas Gerais, chamam de "toró de parpites", o que nada mais é do que se reunirem e, sem nenhum tipo de censura, cada um apresentar ideias e sugestões, para criar um modelo ideal.

Diante desse problema, novamente se sentaram e, em novo *brainstorming*, começaram a questionar o que poderia estar acontecendo na viagem de volta que alterava de forma tão significativa o comportamento e a qualidade do pescado, até que um deles se lembrou que no tanque não havia os aspectos da natureza. O que faltava no tanque era um predador. *Eureca!* Ora, é de fácil compreensão, depois do eventual choque da captura, o peixe era colocado em um tanque, com água do mar renovável pelas bombas, nadando apenas com exemplares da sua própria espécie, como se estivessem na proteção de um cardume. Daí eles não sofriam nenhum tipo de tensão, estresse ou fugas rápidas, pois não havia no tanque o que se encontra em abundância na natureza: o predador.

Qual foi a solução que os japoneses encontraram? Colocar um tubarão no tanque junto com os atuns. Aí a coisa mudou de figura! Na viagem de volta, os preciosos atuns ficavam o tempo todo fugindo do predador. Em outras palavras, os japoneses reproduziram quase que o estado da arte para garantir a excelência do produto.

E aqui temos uma valiosa lição, tão cara quanto o preço dos atuns. Você, leitor, a partir de agora, vai perceber que os valores mencionados não estão isolados, mas dialogam uns com os outros. Nesse momento estamos falando de melhoria permanente, mas o fato de colocar um tubarão no tanque equivale ao desconforto imposto ao atum para sobreviver. A lição a ser aprendida é: coloque um tubarão no seu tanque você mesmo, antes que alguém o faça.

O conforto não produz os bons resultados que esperamos. Todos temos grandes equações diante de nós e não penso que uma injeção de ânimo poderá nos fazer atingir os melhores resultados na solução delas. É preciso planejar, traçar estratégias, elaborar planos táticos, técnicos e tudo o mais. Só com um tubarão no tanque, ativaremos o cérebro e o colocaremos para pensar em estratégias de sobrevivência. O conforto e diversão não ajudam a motivar as equipes; dar a elas bons conteúdos, que é o que procuro fazer o tempo todo, ajudar cada um a reunir informações preciosas para solucionar problemas, romper bloqueios e chegar ao topo. Nas minhas palestras, de vez em quando alguém solta uma risada de algo que digo ou faço, porém, para além da risada, a "pegada aqui é dura". Não é fazer "mais ou menos"; é fazer mais com menos o tempo todo.

Lembro-me de uma passagem que tive quando assumi uma posição executiva em uma multinacional, como responsável pela segurança do CEO da empresa. O executivo anterior saiu do grupo, a vaga ficou disponível e o Departamento de Recursos Humanos foi à procura de alguém para substituí-lo. Entre os candidatos convidados para o processo seletivo acabei me destacando e fui contratado para a função.

Conhece a história do Kinder Ovo? Pois bem, é um chocolate no formato de um ovo, mas que traz uma surpresa dentro dele, um brinquedo infantil, e esse é o apelo de marketing do conhecido chocolate, estratégia muito comentada e que o torna tão desejado pelas crianças. Do mesmo modo, para mim também havia uma surpresa, pois a equipe que passei a gerenciar era composta por dez profissionais, e um deles, de algum modo, criou a expectativa de assumir a posição vaga com a saída do gerente anterior.

Acontece que aquele colaborador não sabia que o RH já tinha estabelecido seus critérios próprios, vindos da matriz. Um desses critérios era que, para ocupar uma função gerencial, havia o pré-requisito de possuir curso superior. Isso representava um obstáculo intransponível para aquele colaborador no momento da seleção, motivo pelo qual o RH teve de buscar alguém de fora.

É fácil imaginar o descontentamento do colaborador ao saber da minha contratação e, quando assumi a equipe, não precisei de muito tempo para perceber seu inconformismo e insatisfação. É claro que esse comportamento não era feito de forma manifesta, mas eu percebia que aquele profissional estava bastante abalado por ter sido preterido. As minhas primeiras ações visaram a fazer ajustes no trabalho da equipe e, devido à carga de trabalho, dividi o grupo em duas equipes. Para isso, eu precisava de um supervisor para cada uma delas. Escolhi o protagonista dessa história e outro colaborador de igual talento e promovi os dois a supervisores. Além disso, presenteei-os com a chance de fazer um curso nos EUA para aprimorarem os seus respectivos currículos.

Essa atitude tinha em vista não só a melhoria da parte técnica deles, mas também tinha relação com o protagonista da história, para dar a ele uma espécie de compensação, pois era inquestionável a sua capacidade técnica e de entrega. Particularmente, penso que ele reunia condições para ser o gerente, pois liderança e habilidades não lhe faltavam. Ele só esbarrou em uma questão burocrática que a empresa resolveu seguir sem abrir exceções.

Pensei que isso poderia estabilizar a situação, mas a realidade é que isso não ocorreu. O colaborador continuou com dificuldade para aceitar o novo líder, mas, como sabemos, prezado leitor, tem coisas na vida que a gente não escolhe. O chefe, em geral, é uma delas.

Assim, continuei fazendo o meu trabalho, mas sempre notei que esse colaborador, quando podia, criava situações de turbulência, tentando achar falhas na minha gestão, criando um clima de trabalho mais complexo do que a própria natureza da atividade de segurança já exige.

À época, havia um profissional que atuava como *coach* do CEO da empresa, do vice-presidente, de alguns diretores e de alguns poucos gerentes; um deles era eu. Nas primeiras sessões que tive com esse profissional, extremamente competente, compartilhei as minhas ações gerenciais e também os problemas que enfrentava – o caso do colaborador "rebelde" já havia sido tema das nossas conversas.

Um belo dia, depois de uns meses de trabalho, numa das sessões, eu trouxe o assunto como prato principal. Fiz um resumo do que estava acontecendo e informei que havia tomado a decisão de demitir o colaborador por estar "causando muitos problemas". Mal terminei de falar, o *coach* me perguntou se o colaborador era competente e se o presidente apreciava as entregas que ele proporcionava quando estava de serviço. Em ambas respondi "sim". Quando dei a segunda resposta o *coach* olhou bem nos meus olhos e disse: "Então, não faça isso! Mantenha-o na sua equipe".

É claro que fiquei visivelmente contrariado — na minha origem, eu estava acostumado com soluções mais pragmáticas. E, antes que me manifestasse, ele explicou a vantagem que eu teria em manter o colaborador comigo. Ele disse:

> É importante ter alguém de oposição, desde que não seja algo antiético ou criminoso. Lembre-se: toda vez que você fizer um planejamento para

um evento ou agenda que a equipe deverá cumprir, você adotará a cautela de lê-lo muitas vezes para não deixar falhas que sirvam de argumento para o olhar atento de alguém que está procurando encontrar furos no seu planejamento. O que se ganha com isso é que o seu trabalho será ainda de maior qualidade, a margem de erro será menor, o presidente estará atendido da melhor maneira possível e o preço a pagar por isso será um pequeno desconforto no ambiente de trabalho, mas vai valer a pena. Em outras palavras, esse colaborador vai ser o tubarão no seu tanque.

De início, fiquei um pouco chocado, mas sabiamente acatei a sugestão desse excelente profissional que tanto me ajudou e acabou se tornando um grande amigo.

BUSCAR A EXCELÊNCIA

Anteriormente, mencionei os motivos pelos quais nós, policiais, chamamos as pessoas por números. Recordando, são três motivos. Primeiro, é difícil decorar nomes o tempo todo e o número facilita a vida do instrutor. Segundo, o curso de formação para se tornar integrante de uma tropa de elite muitas vezes envolve policiais de diferentes graduações e patentes, mas é certo que, durante o curso, todos são alunos. Durante aquele período de curso não há distinção hierárquica e como costumamos dizer: "As mochilas são iguais para todos". O terceiro motivo, sem desmerecer o segundo, talvez o que faça mais sentido no mundo corporativo, é que, no fundo, todos nós somos um número. O mercado desumaniza as pessoas e as padroniza.

Quanto mais você subir, menores e mais disputados serão os espaços. Lembre-se sempre de que liberdade na vida é algo que só se perde e jamais se ganha. Se você é gerente e almeja ser promovido a diretor para ter mais liberdade, prezado leitor, você está redondamente enganado. Quero provocá-lo dizendo que quando se é gerente e quer apresentar um projeto para o seu diretor, você prepara um PowerPoint, marca uma reunião de cinquenta

OS VALORES DE UMA TROPA DE ELITE

minutos e vai à sua empreitada. Já quando você é diretor e quer apresentar um projeto para o vice-presidente, já não precisa mais de PowerPoint, nem de pensar em algo que supere, no máximo, quinze ou vinte minutos de apresentação.

Se você não for claro, preciso e conciso é capaz até de o tiro sair pela culatra. Se ainda não se convenceu, e você imagina que a liberdade virá quando for presidente, pode esquecer. A diferença é que o presidente tem de prestar contas do negócio como um todo ao conselho de administração e/ou ao *Board of Directors* e, em geral, as pessoas desse grupo estão interessadas em apenas três informações que cabem em uma anotação de duas linhas no seu celular: faturamento, redução de custos e margem de lucro.

É claro que estou exagerando um pouco, mas isso serve para prepará-lo e afastá-lo daquelas "fumaças coloridas" e encantadoras com as quais tentam nos iludir diante da realidade e das vicissitudes do mundo cada vez mais competitivo nas empresas de alta performance.

As tropas de elite não se orientam por ilusão nem por falsas aparências, porque lidam com a segurança da população e com a vida das pessoas. Elas têm consciência de que as coisas são assim: vacilou, então é "choro e gritaria". A elite da polícia pensa o tempo todo desse modo, buscando permanentemente o erro zero.

Buscar a excelência não indica que nós não erramos, mas que sempre visamos à total disposição de realizar um planejamento que possa ser considerado perfeito quando submetido a uma avaliação e às verificações de rotina. Busca incansável do erro zero também nos mostra que, diante do erro, devemos assumir um comportamento de indignação e jamais aceitar que 99% seja um nível bom.

Nas minhas palestras, costumo fazer uma provocação para provar que 99% de eficiência, além de não ser bom, pode ser catastrófico. Nas palestras, levo comigo uma garrafa de água. Escolho um participante e pergunto de onde vem e qual é o nome da companhia que faz o tratamento de água na cidade dele. Se for em São Paulo, a pessoa responderá que é a SABESP; então aviso que é uma situação hipotética e informo que a SABESP resolveu ampliar os seus negócios e oferecer água em garrafas para concorrer com outras companhias que atuam nesse segmento de negócios.

Depois disso, dou a seguinte informação para a minha "vítima": "A SABESP oferece 99% de qualidade na água engarrafada", e logo pergunto: "Qual é o seu conceito sobre uma companhia que oferece 99% de qualidade naquilo que ela se propõe a fazer?" Então, dou as seguintes alternativas: excelente, muito bom, bom, regular ou péssima.

Pare agora, leitor, e responda à mesma pergunta. É bem provável que você responda, como muitos, que a companhia é muito boa ou boa, certo? Afinal, 99% de qualidade é algo bastante considerável.

Na sequência, faço outra pergunta ao mesmo participante: "O que você acha de uma companhia que tem como *core business* — atividade principal — oferecer à população água engarrafada e obriga o seu cliente consumidor a tomar apenas três dias por ano uma água contaminada?". Na maioria das vezes, o participante responde que uma companhia assim é péssima.

Nessa hora, entro em êxtase e o faço lembrar a famosa frase citada no lançamento do foguete Apollo XI, que sofreu uma pane em algum sistema, trazendo riscos enormes de a tripulação não retornar ao nosso planeta: "Houston, temos um problema". Sigo no raciocínio e provoco a plateia inteira, perguntando qual é a diferença entre as duas perguntas, e é a hora que a revelação da cilada aparece para muitos.

A pergunta é a mesma, apenas feita de forma diferente. Três dias de água contaminada por ano é, aproximadamente, 1% de um ano. Acho que agora você já está entendendo o problema de forma mais clara. Por incrível que pareça, diante da segunda pergunta, eventualmente alguém responde que a companhia é boa. Nessa hora, sou obrigado a usar a minha última alternativa, a verdadeira "bala de prata". Pego a garrafa em minhas mãos, entrego para o participante e peço que tome aquela água, mas aviso que aquele pode ser o dia da água contaminada. Assim, surge a hesitação e é exatamente nesse momento que se conclui que os 99% podem ser catastróficos para aquela pessoa.

OS VALORES DE UMA TROPA DE ELITE

Se isso não for suficiente para você, imagine um aeroporto como Congonhas na ponte aérea Rio/São Paulo, com dezenas de voos realizados diariamente, e chega até você a informação de que apenas 1% dos pousos e decolagens da ponte aérea Rio/São Paulo tem um risco de desastre com aeronaves. Como você irá para o Rio de Janeiro? Penso que de avião não vai ser.

Outro exemplo. Imagine você na busca de uma maternidade para o nascimento de seu filho. Você visita as instalações, vê o berçário, o quarto com ar-condicionado e TV a cabo e, já está quase decidido, quando o profissional da maternidade lhe diz: "Espero que tenha gostado da visita, das nossas instalações, pode ficar tranquilo que aqui na nossa maternidade apenas 1% dos bebês que nascem escorrega das mãos da enfermeira e cai no chão". Acredito que isso seja decisivo para você sair correndo desse hospital.

Finalmente, saindo da dramaticidade dos eventos que envolvem saúde e desastres, segue o último exemplo, este do mundo corporativo. Você é tesoureiro de uma empresa de transporte de valores e responsável por todas as tesourarias das bases operacionais que processam notas de dinheiro na ordem de, aproximadamente, cinquenta bilhões de reais ao ano. Um dia você está no seu setor e recebe a visita do CEO da empresa, e ele lhe pergunta como foi o desempenho da tesouraria naquele ano, ao que você responde: "Pode ficar tranquilo, senhor presidente, porque neste ano tivemos apenas 1% de perdas internas por extravio ou desvio de conduta de funcionários. Isso significa um prejuízo de cinquenta milhões de reais". Bem, em outras palavras, você está demitido!

Há outro aspecto que vem a reboque e que é igualmente traiçoeiro. Do momento em que você aceita 99%, cria-se uma espécie de flacidez comportamental que lhe permite, no próximo mês, aceitar 98%, no outro 97% e assim, sucessivamente, ladeira abaixo.

Lutamos permanentemente perseguindo o erro zero. Ainda que, eventualmente, venhamos a falhar, precisamos manter a calma, ter paciência e o controle da situação. Revisaremos os métodos adotados no processo para que não aconteça de novo; mas isso não significa que nos contentaremos com 99% de acerto.

Há uma diferença abissal entre uma coisa e outra, entre uma perspectiva e outra.

Espero que tenha ficado clara a importância da busca permanente pela perfeição, ainda que ela seja intangível. O fato é que, às vezes, o erro acontece e faz uma diferença enorme o modo como lidamos com ele. Tenho uma boa lição do mundo corporativo, que aprendi quando visitei a Embraer, na cidade de São José dos Campos, no interior de São Paulo. Na ocasião, apresentaram a mim o que eles chamam de "erro honesto".

O "erro honesto" prevê que, se um colaborador perde uma ferramenta, ele faz a comunicação e todos se empenham em localizá-la. Somente depois se verifica o motivo que deu causa ao problema. Não se concebe assumir um risco evitável para quem se propõe a construir aviões. Segurança é valor e, portanto, é inegociável, ainda mais quando milhares de vidas estão em jogo.

Certa vez, precisei fazer um comentário sobre a não observância de regras de segurança, quando um motociclista da Polícia Militar se excedeu na perseguição de um suspeito em fuga em uma motocicleta. Embasei o meu comentário nesse belo princípio da Embraer e, principalmente, nas normas vigentes da Polícia Militar, que recomendam o "acompanhamento e cerco" como conduta mais segura para situações dessa natureza.

O objetivo da norma na polícia é evitar riscos demasiados, proteger os policiais, preservar a instituição e a sociedade. Todas as normas da instituição visam a esse equilíbrio satisfatório entre a conduta de seus agentes e o fim ao qual se destina.

No caso em questão, apesar da legítima intenção e empenho, ficou evidenciado o risco que o policial assumiu para si e impôs a outras pessoas que nada tinham a ver com a situação. Confundir coragem — que é virtude para um policial — com "valentia destemida" — que não é virtude —, em geral, termina com consequências indesejáveis. O suspeito de fato era um criminoso que acabou sendo preso, mas as perguntas a ser feitas são: teria valido a pena se algo mais grave acontecesse? Os fins justificam os meios? Precisamos refletir sobre isso seriamente.

OS VALORES DE UMA TROPA DE ELITE

Na ocasião, li muitos comentários nas redes sociais elogiando a ação do policial. Isso é compreensível, pois há um sentimento de insegurança e cansaço com a criminalidade no país, o que deixa todos sensíveis e com os nervos à flor da pele.

Profissionais de segurança pública também saíram em defesa do policial pelo seu empenho. Alguns se expressaram questionando as normas que, segundo eles, "engessam a operacionalidade". Entendo essa posição, pois muitos serviram à polícia quando as regras de compliance e de governança corporativa não eram observadas com tanto rigor no cotidiano das instituições e das empresas. O foco, então, estava mais ajustado para a busca do resultado e menos nos métodos e processos utilizados para alcançá-los com equilíbrio e consistência. Em síntese: "se deu certo, está valendo"; se deu errado, "a gente vê como administra". É claro que, no decorrer da história, muitos tiveram surpresas desagradáveis nas carreiras, e também nos tribunais. Isso não terá sido suficiente?

Como sempre, parlamentares ligados à segurança também se manifestaram à época, em defesa dos policiais e dos interesses das instituições, por maior valorização e melhores condições de trabalho. No entanto, agiram dando pouca atenção aos limites impostos pelas normas e leis vigentes, o que revela um paradoxo, afinal, aqueles que atuam na elaboração das leis deveriam valorizar as normas vigentes que eles mesmos criam.

Em síntese, empenhe-se na busca do erro zero e, se o erro acontecer, não se omita, não jogue a sujeira para debaixo do tapete. Faça como nós, das tropas de elite: caiu, levanta, tire a poeira, recarregue, reequilibre e retorne para sua missão com foco no seu alvo. E você, do mundo corporativo, na sua meta.

TER DISCIPLINA

Agora vem a parte pitoresca da história. Se hoje pareço ser rigoroso com margens de erro e de acerto, se sou chamado a palestrar para grandes equipes e altos executivos em função do meu histórico de

SUPER PERFORMANCE

êxitos como negociador e estrategista na área de segurança, é porque tudo que aprendi veio muito tempo depois de estar envolvido com a tropa de elite.

Quando o GATE surgiu, a reboque da SWAT dos Estados Unidos e dos grupos similares europeus, como mencionei, nós não éramos uma empresa de alta performance; éramos uma "empresinha" de quinta categoria. Além disso, para espanto do leitor, embora eu tivesse sido Comandante do GATE a partir de 1998, antes disso fui o seu fundador. Isso significa que ajudei a construir uma linda história, mas, com toda a honestidade, devo admitir que também fui um sujeito "de quinta categoria", porque, por um período, o GATE não foi o que se pretendia que ele fosse.

O GATE foi uma tropa criada para atuar em situações muito específicas, de ocorrências com reféns localizados. O que isso significa? Imagine a seguinte situação: o indivíduo planeja fazer um assalto e a sua execução se frustra, não dá certo. Na fuga, ele se vê cercado pela polícia, fica amedrontado pelo confronto e, diante de si, há duas opções: morrer ou fazer um refém. Qual o propósito de tomar alguém como refém? Garantir a própria vida.

Ocorrências dessa natureza ganham enorme repercussão midiática, com muita exposição policial nas quais o GATE precisa intervir. Essa foi a razão pela qual ele precisou ser criado, seguindo os padrões internacionais mencionados, acompanhando as mudanças sociais do nosso tempo, a fim de dar um tratamento adequado em situações fora da curva, nas quais o policiamento ordinário não poderia assumir a responsabilidade. Isso acontece em muitas áreas, como na medicina, por exemplo. Na área da saúde, temos disponíveis os especialistas; no direito há os advogados qualificados por especialidade — civil, tributário, penal —; e assim por diante. Em todo segmento há os especialistas, e na polícia não é diferente.

O GATE surgiu para lidar com ocorrências com reféns. Mas, no início das nossas atividades, dada a formação que tínhamos – a questão estrutural histórica que envolvia a instituição, a política etc., além de outras tantas questões que não é pertinente comentar – , íamos para as ocorrências com a mentalidade do passado, não visando salvar o refém, mas pegar o criminoso. Se conseguíssemos salvar o refém, a gente ficava feliz também. O nosso método de ação era: "Pé na porta, arma na mão e coração valente". Essa era a "pegada".

Como essa história se vincula a você numa empresa líder? A antiga história do GATE é como essas empresinhas enganadoras que surgem em todo segmento. São empresas oportunistas que querem levar o seu cliente embora, oferecendo um pacote atraente de serviços e produtos, coisas bacanas de serem usufruídas, mas que, com o tempo, não se revelarão nada daquilo que aparentavam ser. Essas situações geram um sentimento chamado dissonância cognitiva, que é a quebra total de uma expectativa criada. Havendo dissonância cognitiva, a possibilidade de se construir relações duradouras se esvai, se esgota, interferindo nos seus negócios, prejudicando aqueles que trabalham sério e arduamente. O nosso tempo e a nossa sociedade já não admitem amadorismo como modo regular de ser. A "pegada" agora é outra!

Não é para esse tipo de gente e de empresa que se aplicam os valores contidos neste livro. Durante os primeiros anos no GATE, por uma série de fatores, tínhamos uma visão equivocada. Mudar a cultura de uma instituição como a polícia é como remover uma montanha de um lugar para outro. É um esforço colossal, que exige razão, sensatez, justificativa e grandes doses de convencimento e argumentação.

Como, depois de alguns anos, fui para o comando do GATE, não havia necessidade de convencer ninguém, pois eu mesmo estava seguro de que precisava avançar muito, modernizar, criar uma nova cartilha. Então, qual a dificuldade? Implementar uma nova disciplina que todos devessem adotar e seguir. O corpo humano gosta de disciplina? Normalmente, não. Gostamos de nos acomodar, de relaxar, de "levar a vida e deixar que a vida nos leve", como cantou o sambista. Essa é a cultura que predomina no país, porém, quais são os resultados que essa cultura nos traz? São os resultados que queremos para as nossas carreiras? São os resultados que esperam que nós entreguemos?

Profissionais de alto desempenho, negociadores exitosos e de primeira linha nunca se deixam guiar por uma subcultura retrógada. Eles criam a sua cultura e a implementam, porque colocam as suas vontades além das possibilidades e trabalham para a realizarem. E, para isso, contam com alto nível de disciplina, esforço, empenho e energia mental, estratégia, técnica e motivação, mostrando para a equipe que o novo modo de fazer as coisas os levará para além dos melhores concorrentes deles. Você só conseguirá isso sendo disciplinado. Se for uma maria vai com as outras, sinto informar, você não irá a lugar algum, nem com a Maria, nem com as outras.

Certa vez, durante a premiação do Globo de Ouro, aconteceu um fato que dialoga com esse importante princípio da disciplina. Uma atriz foi anunciada como ganhadora e, toda emocionada, dirigiu-se ao palco para receber o seu prêmio e fazer o discurso de agradecimento. Durante a sua fala, agradeceu a várias pessoas e, ao agradecer ao diretor, ela fez uma menção mais ou menos da seguinte maneira, o que chamou a minha atenção: "Agradeço a você, diretor, por ter me recebido muitas vezes e escutado as minhas sugestões para alteração das cenas ou para fazer de um jeito ou de outro e você me respondia: 'Volta lá e faz do jeito que estou pedindo para você fazer' e por saber te escutar, estou aqui recebendo este prêmio e te agradeço por isso". Espero, amigo leitor, que você não interprete isso com qualquer tipo de submissão indesejada, mas sim como um ato de disciplina.

Nas tropas de elite, temos uma frase bem pitoresca que, de certa forma, dialoga um pouco com o princípio da disciplina que estamos tratando: "Pardal não voa atrás de morcego". Assim, se você está em uma reunião e o que está sendo tratado é aquilo com o qual você concorda, não tem muito problema; mas, se você quiser discordar, lembre-se que apenas a sua opinião de nada interessa, sobretudo se seus superiores foram os que o chamaram a se manifestar. Em síntese, se for discordar, venha com "artilharia pesada", números e dados consistentes que os convençam.

Para resumir, vou compartilhar o exemplo pessoal de um desafio que impus a mim, fora daquilo que eram as operações especiais e fora do contexto do mundo corporativo: correr uma maratona.

Durante muitos anos, corri as provas de rua de 10 quilômetros e algumas meias maratonas. Participava dessas provas como forma de manter o meu condicionamento físico e também pela alegria de participar dessas corridas de rua. Um dia, inscrito para fazer a Meia Maratona de São Paulo, durante a prova encontrei alguns amigos da polícia e corremos juntos por alguns quilômetros, pois o nosso ritmo de passada estava bem parecido. Em determinado momento da prova, por volta do quilômetro 12, havia uma bifurcação, e quem estava inscrito para a meia maratona fazia uma conversão à direita para seguir o itinerário próprio e quem estava inscrito para a maratona continuava na mesma direção. Assim, era a hora de eu seguir o meu caminho, mas os dois amigos inscritos para a maratona completa começaram a me incentivar para continuar com eles.

Confesso que fiquei tentado, mas, formado em Educação Física, e experiente nessas provas de rua, decidi fazer a minha prova e me despedir dos meus companheiros, pois maratona não é uma aventura que dá certo sem planejamento.

Terminei a minha prova, mas ficou aquele desejo de um dia correr uma maratona completa e, no ano seguinte, estabeleci isso como uma meta. Já posso adiantar que o treino e a superação dos 42.195 metros, que correspondem à maratona, reúnem importantes lições que resumem os valores e princípios até aqui explorados e, de forma muito particular, o valor que a disciplina representa. Vou sintetizar isso em alguns aspectos para encerrar este capítulo.

Para mim, a corrida era, por assim dizer, a minha praia. Nela, eu via a vantagem de aprimorar meu preparo físico e me sentia feliz durante o trajeto e também na chegada. Nesse aspecto, a lição é que, para mim, ela representa um dos grandes desafios na vida, porque quem participa tende a encontrar a sua praia. É perceptível por todos que, seja no campo pessoal ou profissional, às vezes a gente não está muito bem encaixado naquilo que estamos vivendo em dado momento, mas precisamos tomar consciência de que pode ser apenas um momento de transição.

A vida é curta demais para você suportar algo que não faz muito sentido, e é por isso que para nós e para você, *happy hour* não é sexta à tarde. Tem de ser segunda-feira de manhã. Não faz sentido algum chegar o domingo à noite e você começar a ter taquicardia, mau humor, simplesmente porque, em poucas horas, estará voltando para aquele "inferno" que é o seu trabalho.

Não bastasse isso, na segunda-feira você já está pensando na sexta, nas férias e na sequência não vê a hora de se aposentar. Com isso, passa a vida toda torcendo para que as coisas acabem. Na nossa visão, isso é uma vida sem sentido, esgarçada, sem potência e triste. A vida tem de ser igual àquele filme a que você assiste e fica tão entretido e tocado pela história que torce para que não acabe; quando acaba, você fica sentado no cinema ou em frente ao aparelho de TV por alguns minutos, refletindo sobre a genialidade dos atores, da direção, da fotografia, da trilha sonora, sem achar algo que poderia ter **sido** melhor.

Ao estabelecer a meta de correr a maratona, fiz um planejamento que envolvia treinamentos diários e progressivos. Cada vez mais quilometragem para melhorar a resistência aeróbica e também treinamentos de menor duração, mas com muita intensidade. Um deles, por exemplo, era dar vinte voltas na pista de atletismo de 400 metros, sendo as cinco primeiras em dois minutos, e, a cada cinco outras voltas, reduzia gradativamente esse tempo em cinco segundos.

Note que as cinco últimas voltas tinham que ser a um minuto e quarenta e cinco segundos. Esse tipo de treino exige disciplina e foco, sobretudo a sua escolha em não deixar que o cansaço ou a fraqueza mental tire você da meta do dia. Não tem como fazer isso sem uma dose de agressividade para lutar contra aquela voz interior, proveniente do seu cérebro, que quer "proteger" você dessa sobrecarga ao enviar um monte de sintomas e criar cenários para fazer com que você desista. No entanto, com disciplina, você ignora e supera esses obstáculos.

Durante a preparação para a maratona, são previstos alguns "longões". Normalmente ocorrem aos finais de semana, e é quando você corre entre 20 e 30 quilômetros. Já deu para perceber que só o treino para maratona é um terreno fértil para fazer emergir os valores e princípios explorados.

Na semana que antecedia a minha prova, meu planejamento envolvia treinos mais leves e de manutenção; na sexta-feira, dois dias antes da corrida, seria o meu último treino, uma vez que o sábado era o dia de descanso às vésperas da prova. Mas cometi um erro. Substituí um trote por uma partida de futebol de campo. Tratava-se de um amistoso, e eu tinha comigo que ia participar só para dar uma "suada na camisa"; mas em uma disputa de bola, deixei o meu temperamento competitivo falar um pouco mais alto e senti uma contratura na região lombar.

Na hora, fiquei assustado, parei de jogar e, com o corpo quente, achei que não era nada mais grave. Porém quando as horas foram se passando e o meu corpo esfriou, senti que a coisa era mais séria, eu estava com dificuldade para andar e, imediatamente, me dirigi ao médico. Ele constatou uma contratura muscular e a crise estava instalada. Quando ele me recomendou o repouso, eu lhe disse que tinha treinado quatro meses para correr a maratona no próximo domingo, ele ficou branco como a roupa que vestia e disse que aquele tipo de lesão demorava umas duas semanas para ser curada.

Diante do meu inconformismo, ele recomendou repouso absoluto no sábado, gelo constante e receitou um anti-inflamatório. Depois disse que era preciso esperar para ver como o meu corpo reagiria. Saí de lá com uma incógnita na cabeça, ignorei as impossibilidades e foquei na chance que tinha de o meu organismo responder ao tratamento. Mantive a confiança, aceitei com boa expectativa algo sem garantia e também não reclamei. Reclamar tira a força e o tempo. Nas tropas de elite, diante de um infortúnio, não fale: "poxa ou putz". As palavras são: "bem ou bom".

O sábado foi um dia muito difícil, pois a dor tinha aumentado, mesmo com o anti-inflamatório, que precisa de tempo para apresentar seus efeitos. Fiz o gelo, repousei, me alimentei e segui o plano para a realização da prova. No domingo bem cedo, acordei e o primeiro dilema surgiu. Em menor intensidade, a dor ainda incomodava. Enfrentar uma maratona começando a prova com dor é algo que ultrapassa os limites da virtude e da coragem e chega perto da não virtude, que é agir de forma temerária. Mas interpretei que estava na zona de intersecção e decidi ir para a prova com tudo, com todas as minhas forças. O comando "cumprir a meta com foco e determinação" superou a voz contrária que falava aos meus ouvidos para desistir.

Cheguei ao local da prova com antecedência para fazer o aquecimento. Comecei devagar, iniciei a sessão de alongamento e flexibilidade com bastante apreensão. Não foi assim que eu tinha imaginado e planejado fazer a minha primeira maratona. Terminei o aquecimento, dirige-me para o local do início da prova e foi dada a largada.

O início da corrida é quase uma extensão do aquecimento, pois como há muita gente junta, começa-se andando, depois passamos ao **trote** curto, os espaços vão aumentando e a corrida começa de **verdade**. À medida que eu ia correndo, o corpo se aquecia e a dor diminuía; isso era tudo o que eu queria. Aquilo que quase tinha representado um obstáculo para eu não participar se transformou na minha maior motivação. Lembrei-me de uma frase famosa: "O impossível não é um fato. É apenas uma opinião".

O repouso, o efeito do anti-inflamatório e a minha vontade de correr uma maratona fundiram-se e se transformaram em uma alegria plena. Quando eu estava completando os primeiros 10 quilômetros, dentro do tempo que eu tinha estabelecido, constatei que a minha frequência cardíaca estava abaixo do limite que o treino e o teste de esforço tinham estabelecido como ideal a ser mantido durante a prova para chegar bem na fase do *the wall*.

Os maratonistas conhecem bem essa expressão – "a parede" – pois se trata de uma indisposição ou fadiga colossal que acontece entre o 32º e o 36º quilômetros, mais ou menos. É nessa hora que aqueles que não treinaram adequadamente costumam "quebrar". São comuns câimbras, queda de pressão e, às vezes, desmaios. Daí

OS VALORES DE UMA TROPA DE ELITE

o nome sugestivo de "a parede", pois é preciso superar esse enorme obstáculo para concluir a prova. É nesse aspecto que, mais uma vez, tive que usar da disciplina para não cair na tentação de aumentar o meu ritmo de corrida mesmo estando bem. A experiência mostra que quem falha nesse ponto tem grande probabilidade de "quebrar" quando se deparar com "a parede".

Mantive a disciplina e o foco e, quando alcancei o 36º quilômetro, percebi que havia superado "a parede" sem grandes sobressaltos. É curioso que ela sempre aparece, porém quem souber seguir o plano conseguirá superá-la; mas quem já está bastante desgastado e começa a ver aquele monte de gente passando mal, é como um reforço à voz interior que pede para parar e desistir. Esse é o seu inimigo interno.

Quando eu alcancei o 38º quilômetro e faltavam 4 quilômetros para terminar, comecei a sentir algo estranho nos dedões dos pés. Senti que minha unha parecia se movimentar e imaginei que, provavelmente, uma bolha tinha se formado por conta do atrito.

Um novo dilema surgiu: parar, tirar o tênis, a meia, perder o ritmo e examinar ou continuar com *kadima*, palavra em hebraico que significa avante. Então, eu me lembrei de tudo o que tinha feito e dos 4 quilômetros que me separavam do cumprimento da minha missão. Decidi continuar e, quando me dei conta, já estava cruzando a linha de chegada com a alegria de ter realizado a minha primeira maratona. Depois que peguei a minha medalha de participação, fui examinar os pés. De fato, uma bolha tinha se formado entre a unha e o dedo. Alguns dias depois as unhas se foram, mas a meta foi alcançada.

Há uma expressão famosa que traduz bem esse momento: "No pain, no gain" — sem dor, não há ganho.

4

GESTÃO DE PESSOAS À "MODA CAVEIRA"

Com o passar do tempo, cerca de quatro anos após a fundação do GATE, senti a necessidade de encarar novos desafios profissionais. Foram seis anos em outras atividades na própria polícia e também uma experiência na iniciativa privada.

Participei de um processo seletivo e fui contratado para ser chefe da segurança do então presidente do Banco de Boston. Seu nome é Henrique de Campos Meirelles, que algum tempo depois se destacou em vários cargos de importância na área governamental.

Chegando pela primeira vez ao banco, logo notei que o símbolo da empresa era uma águia, tendo na parte debaixo o número 1784, que indicava o ano de fundação daquela empresa. Era um banco bicentenário que estava em expansão.

Henrique estava havia doze anos no comando da instituição quando aconteceu uma fusão, o primeiro grande movimento que presenciei na companhia. Esse movimento foi a fusão do Fleetbank dos Estados Unidos com o Banco de Boston do Brasil. Como a marca Banco de Boston era muito forte, *top of mind*, e com bom posicionamento

SUPER PERFORMANCE

no mercado, a águia foi mantida, porém ganhou traços mais estilizados e modernos: a cor azul do então Banco de Boston cedeu lugar para a cor verde do símbolo do Fleetbank. O número 1784 permaneceu e o nome da empresa mudou para BankBoston.

Logo depois disso houve a segunda modificação no banco, ainda no período em que eu estava trabalhando lá. A mudança aconteceu quando Chad Gifford, que era CEO mundial da empresa, estava prestes a se aposentar. Ele precisava escolher o seu sucessor e havia dois fortes candidatos à função. Um era o Henrique Meirelles, presidente do banco no Brasil, que acumulava doze anos de experiência no comando da instituição. O outro candidato estava por perto, no país vizinho, na Argentina. A Argentina foi o primeiro país na América do Sul a receber as instalações do Banco de Boston e o país vizinho, embora menor em extensão e população, chegou a ter muito mais agências que o Brasil.

O Banco de Boston argentino, à época, era presidido por um homem chamado Manoel Sacerdote. Ele estava havia muito mais tempo na presidência do Banco se comparado ao Henrique. No entanto, o gráfico de entrega para os acionistas era menos promissor.

O que o leitor pensa que aconteceu durante essa transição? Bem, hoje é de conhecimento de todos que o Henrique foi promovido a CEO mundial da empresa, o que nos faz lembrar de uma importante lição: o mérito é a catapulta mais eficiente e segura para novos desafios da vida. Se um de nós, algum dia, viu um jabuti em uma árvore podemos ter certeza de que alguém o colocou lá, pois "jabuti não sobe em árvores". Essa é uma expressão que utilizamos no mundo corporativo. Infelizmente, devo admitir ter certeza de que o leitor já viu algum jabuti em cima de uma árvore no mundo corporativo, assim como eu já vi acontecer isso no meio público. E se o jabuti está lá em cima é porque alguém fez o favor de colocá-lo naquele lugar. Sozinho ele não chegaria lá.

Então pergunto: você acha que essa é a tendência que dominará as relações de alto desempenho no futuro? Você acha que os jabutis se sentem confortáveis na copa das árvores? Você acha que quem o colocou lá também está confortável?

GESTÃO DE PESSOAS À "MODA CAVEIRA"

Assim, o que é que *você* está fazendo da sua carreira para ocupar o lugar do jabuti? Porque ele não ficará lá por muito tempo. Mais dia, menos dia, irá cair. Aquele que estiver preparado para ocupar o galho onde o jabuti está, terá maiores chances de ocupar o seu lugar chegando ao topo da árvore. É o mérito e o esforço que nos conduzem de forma plena e consistente para os novos desafios.

A lição que podemos extrair dessa história é muito clara. Não se iluda com atalhos, não se encante com possibilidades milagrosas, com acelerações e caminhos menos espinhosos. Se você se habituar a ler biografias de pessoas que quebraram paradigmas, que criaram novos mundos, que viraram a página da história de empresas, de segmentos e mesmo da humanidade, como os grandes cientistas e os inventores, vai ter a oportunidade de conferir o que estou dizendo: nenhum deles escreveu o próprio nome na história entregando pouco ou menos que o esperado.

Aquilo que você conquistou com o seu esforço, empregando a sua energia para dar o melhor de si por meio do seu trabalho, é o que fará grande diferença nas empresas competitivas, que insistem o tempo todo em melhorias, em erro zero, que buscam constantemente os resultados mais expressivos e, como se diz no esporte, no salto com vara, "colocam o sarrafo mais alto". Ou você se mexe e faz esforço ou não chegará a lugar algum.

A ascensão do Henrique Meirelles à posição singular de CEO global do BankBoston nos Estados Unidos não foi, como vemos em empresas pequenas, uma política partidária viciada, movida a clientelismo, em que as negociatas ocorrem nos balcões entre amiguinhos. Em geral, esses grupelhos são formados por gente incompetente, e por serem incompetentes, precisam de alguém que os coloque na árvore.

Vivemos em outro tempo, em outro mundo, em outra realidade, na qual "erro primário esvazia o armário"; é assim que falamos para os policiais desengajados. É assim que o policial de elite encara a sua rotina: errou, pede para sair. Comprometeu a missão, colocando vidas humanas em risco ou quebrando protocolos e desfazendo o planejamento? Pegue os seus pertences no armário do batalhão e vá

SUPER PERFORMANCE

procurar outra coisa para fazer na vida. Lembre-se disso, caso você queira despontar no mundo dos negócios.

Naquele tempo aconteceu outro grande movimento no banco. Ele já vinha em uma ascendente de expansão, e para expandir só há duas maneiras: fusões e aquisições ou inauguração de mais agências.

Criar novas agências é um trabalho burocrático e complexo. É preciso construir ou alugar um imóvel, fazer todas as adaptações exigidas pelos órgãos de fiscalização e isso tudo não atendia à velocidade de expansão desejada pelo banco. A ideia de expansão pela criação de mais agências foi mantida, mas foi priorizada uma nova ideia que era a aquisição de outro banco. A busca teve início, vários alvos estavam na pontaria, mas, para encurtar a história, de pretenso comprador, acabou sendo comprado.

E sabe o que aconteceu com aquele banco que tinha o símbolo de uma águia em seu logotipo, um banco bicentenário e admirado por muita gente? Simplesmente virou uma rede de agências Itaú Personnalité. O antigo Banco de Boston entrou para a história. Tradição é um grande valor, mas o que nos trouxe até aqui pode não ser suficiente para nos conduzir a um futuro promissor. Exemplos não nos faltam.

A primeira xerografia, isto é, uma cópia fotográfica ou escrita a seco, foi feita em outubro de 1938. Juntando verba à técnica e a uma empresa de produtos fotográficos, a Xerox Copier foi criada em 1949. Logo lançou novos produtos, sendo considerada um dos maiores sucessos comerciais individuais de todos os tempos, revolucionando a cópia de livros e documentos.

Nas décadas seguintes, a empresa abriu o capital e internacionalizou-se, desenvolveu e lançou novas tecnologias, expandiu a linha de produtos, ocupou um importante espaço no mundo corporativo e, como sabemos, seu produto se tornou sinônimo de cópia: ninguém diz que fará fotocópia, mas uma "xerox", usando o verbo "xerocar". Apenas para se ter uma ideia do nível atingido pela empresa, em seu centro de pesquisa em Palo Alto, foram criados o "computador pessoal, a interface gráfica de usuário, o padrão Ethernet, o mouse, a diagramação de documentos de texto, um software

GESTÃO DE PESSOAS À "MODA CAVEIRA"

de criação de imagem que é avô do Paint e muito mais".* Até mesmo Steve Jobs "usou" ideias surgidas ali para serem desenvolvidas na Apple. A maneira de imprimir livros, que hoje chamamos de *Print On Demand* (POD), ou impressão sob demanda, foi uma inovação possível graças a incrementos feitos por novas tecnologias desenvolvidas pela Xerox.**

No entanto, dois fortes impactos foram suficientes para frear esse incrível avanço. Primeiro, um órgão federal nos Estados Unidos a acusou de monopólio, obrigando-a a licenciar muitas de suas marcas patenteadas, as quais foram adquiridas por empresas rivais. Boa parte da venda de produtos de manutenção e serviços saiu das mãos da Xerox. Nos anos 1990 veio o outro baque.

Depois, a Xerox subestimou alguns avanços feitos por outras companhias no setor e novas entrantes. Em especial, subestimou a forma utilizada pelas fabricantes de impressoras de tinta — a Xerox utilizava toner em seus processos de impressão. Houve acusações mútuas entre os CEOs da empresa, Paul Allaire e Richard Thoman, mas o tempo já havia sido perdido. Podemos notar a importância do conceito do respeito. Respeite a outra parte pelo que ela é e pelo que traz consigo, os valores da empresa que representa, os recursos que a instituição representada detém e o conhecimento que possui. Nunca subestime quem está do outro lado da mesa, nem a empresa do outro, seja da cidade ou do interior.

E, por fim, no início da década de 2000 uma fraude revelou dois bilhões de dólares em manobras fiscais, boa parte tendo sido "maquiada" em atividades no Brasil. A empresa foi obrigada a pagar dez milhões de dólares em multa e, hoje, embora seja respeitada no mercado, ela não recuperou o vigor dos seus anos de ouro.

---

* Ibidem.

** Basicamente consiste no "escaneamento em alta resolução, renderização de imagem em baixo custo e ótima velocidade de resposta em um só lugar. Você manda imagens remotamente *para o* aparelho, armazena por lá, faz edições, compartilha com a rede local e manda imprimir." Ibidem.

Já com a Kodak aconteceu pior. Em 1878, George Eastman, um atendente de banco, começou a desenvolver um processo que logo se tornaria a base da fotografia moderna. Em 1907, já com o nome Kodak, a empresa contava com mais de cinco mil funcionários em diversos países e se tornou a popularizadora da fotografia e dos filmes amadores. Antes verdadeiros trambolhos pesados, as máquinas fotográficas foram desenvolvidas e se tornaram portáteis e baratas. A Kodak chegou a vender máquinas a um dólar e lançou o filme flexível. Todos podiam registrar seus melhores momentos, como hoje se faz com as *selfies*, que nada mais são do que o desenvolvimento direto dos inventos de Eastman.

"Na época da Segunda Guerra Mundial, a empresa chegou a ajudar os Estados Unidos fabricando uma granada de mão com formato de bola de beisebol e inventando um sistema de correspondência que fotografava cartas de soldados e as transformava em filme."* Em 1975, um de seus engenheiros criou a câmera digital, mas não chegou a ser lançada. "Só nos Estados Unidos, em 1976, a Kodak vendia 85% das câmeras e 90% dos filmes. Em todo o mundo, as porcentagens eram superiores a 50% [...] A Kodak atinge o seu maior valor de mercado em 1997, valendo pouco mais de trinta e um bilhões de dólares..."**

Assim como a Xerox, a Kodak subestimou as concorrentes, como a Fujifilm e perdeu espaço no setor multimídia para Flickr e Picasa, além de ter sido engolida pelo mercado digital, como o dos celulares que tiram fotos. Em 2012, o serviço de imagens fechou e todas as fotos foram para o banco Shutterfly.*** "A falência não demorou a chegar. A Kodak pediu concordata em janeiro de 2012, entrando no programa do governo dos Estados Unidos

---

* "A história da Kodak, a pioneira da fotografia que parou no tempo", por Nilton Kleina. Disponível em <https://www.tecmundo.com.br/mercado/122279-historia-kodak-pioneira-da-fotografia-nao-evoluiu-video.htm> Acesso em: 30.01.2020.

** Ibidem.

*** Ibidem.

GESTÃO DE PESSOAS À "MODA CAVEIRA"

de proteção às empresas que precisam se recuperar financeiramente",* deixando mais uma lição de como o mercado não perdoa erros nem distrações.

Profissionais que planejam permanecer no topo da cadeia do mercado, encabeçando as empresas ou na lembrança imediata dos *head hunters*, precisam se ver como parte fundamental do todo. Melhor ainda, precisam enxergar a si mesmos como elemento responsável pelo avanço e o crescimento constante das corporações onde estão ou por onde passam, sempre apresentando resultados. Do contrário, estarão fora. Ou mudam a cultura pessoal para a melhoria constante ou viverão eternamente no passado.

Depois de ter ficado seis anos fora do GATE, sendo dois anos nessa passagem pelo Banco de Boston e os outros quatro exercendo outras funções na polícia, fui designado para retornar ao GATE com a missão de comandar a unidade.

Qual situação o leitor imagina que encontrei assim que entrei no batalhão após o retorno? Seis anos haviam se passado. Eram todos os policiais novos ou os mesmos? Quando faço esta pergunta para os meus alunos, eu os deixo discutir por um instante, mas adianto que encontrei boa parte dos mesmos policiais de quando saí. Isso tem uma explicação lógica: empresas de alta performance têm baixo *turnover*, ou seja, rotatividade.

A maioria dos profissionais que estavam no GATE no meu retorno era de pessoas que eu conhecia e com as quais já havia trabalhado. Há uma música da nossa MPB que gosto de me lembrar. Ela é interpretada por Jair Rodrigues e Elis Regina e chama-se *Disparada*. A música conta a história de um vaqueiro que foi promovido a capataz e encontrou dificuldades para lidar com a nova função. O trecho que tem a ver com o nosso conteúdo diz o seguinte: "Porque gado a gente laça, tange, ferra, engorda e mata mas com gente é diferente...". Esse trecho faz menção à vida de um vaqueiro que, enquanto lidava com o gado, não tinha grandes

---

* Ibidem.

dificuldades, mas, ao ser promovido a capataz, passou a ter de lidar com os vaqueiros e daí a situação ficou muito mais complexa. Lidar com gente é diferente.

Você pode dispor de tecnologia, de plataformas eficientes, pode ter sistemas de última geração, mas se não tiver gente comprometida as coisas não funcionarão bem. E não funcionarão hoje, nem amanhã, nem depois. São as pessoas que fazem as empresas, as instituições, as sociedades e tudo o mais. Toda liderança precisa entender isso de forma muito clara, e é por esse motivo que empresas de alta performance e tropas de elite têm baixo *turnover*.

É de fundamental importância fazer uma boa seleção para identificar a pessoa correta a ser contratada e criar as condições adequadas para manter seus talentos nas empresas, o que, consequentemente, reduz o *turnover*.

No meu retorno ao GATE, agora como comandante, ao ver os velhos conhecidos e nos confraternizarmos, fui apresentado para alguns dos novos integrantes do grupo, que logo cedo estavam por ali. Algumas mudanças nesses times ocorrem naturalmente, porque uns podem ser transferidos, outros passam para a inatividade e a necessidade de reposição de pessoal é incontornável. Não demorou muito até surgir a primeira operação à qual fomos requisitados, e eu, como comandante, acompanho a equipe nas ocorrências.

Do mesmo modo, em uma empresa de alta performance, o chefe deve estar junto, acompanhando a equipe. Ele não comanda do gabinete, no conforto do ar condicionado. Líder que se preza deve ir até o chão de fábrica e caminhar lado a lado com o seu colaborador, olhar no olho, apertar a mão, sentir a temperatura ambiente e saber a necessidade premente. Do contrário, ele não terá adesão de todos; somente terá como aliados aqueles que o blindam, que o cercam.

Há pouco tempo a Rede Globo apresentou um quadro durante o programa *Fantástico* que se chamava o Chefe Secreto. A ideia central era a seguinte: a produção do programa combinava com um CEO ou com o proprietário de uma grande empresa de infiltrá-lo entre os colaboradores, em geral no setor da produção. Esse CEO era caracterizado para se parecer com um novo funcionário e, depois de mudada a sua aparência, ele era conduzido a ser orientado por algum funcionário num setor estratégico na fábrica. Ali, esse novo funcionário-personagem ralava, pegava peso, sofria as demandas comuns aos trabalhadores braçais.

Por outro lado, brotava o lado humano durante as conversas, com as reclamações e desabafos que os companheiros compartilhavam com ele. Então ele podia ouvir desde fofocas e sonhos pessoais, como também boas ideias, sugestões e dicas preciosas para melhorar procedimentos e aumentar o rendimento e a produtividade da sua empresa.

Não foi por acaso que o quadro fez tanto sucesso e deu grande audiência. Quantas boas lições pudemos extrair daquelas diferentes situações! E fico imaginando quantas oportunidades deixam de chegar aos executivos todos os dias, por insistirem em ficar enclausurados em seus escritórios, sem estabelecer o menor contato com a realidade do seu próprio negócio, ramo de atividade e equipe.

Depois que esses profissionais foram disfarçados e se envolveram com as rotinas de seus colaboradores, depois que estiveram junto dos integrantes de suas equipes, eles se transformaram na maneira de ser, agir e pensar. A percepção e a sensibilidade às demandas legítimas da sua equipe os levaram a ouvir mais e a adotar novos procedimentos que antes sequer sabiam da sua necessidade.

Os executivos que participaram daquela experiência não perderam os seus postos porque se misturaram com o pessoal do chão de fábrica. Ao contrário, eles passaram a comandar suas equipes com uma experiência adicional que pouquíssimos terão em toda a sua carreira. Liderar pelo exemplo aprendido com aqueles que fazem, que põem a mão na massa, conferir as suas dificuldades, ter a noção do peso, da distância, do tempo gasto na execução de cada processo, do consumo de recursos e ouvir os sonhos, saber os planos e humanizar-se não diminui ninguém. Ao contrário, todos saem ganhando, a não ser aqueles que deixaram o bonde da história passar.

SUPER PERFORMANCE

Lideranças que vão ao chão de fábrica, que vão à ponta da linha de produção saber quais são as dores dos seus colaboradores, mostram ser da tropa de elite, dignas de uma empresa de alta performance. Isso é ser profissional de alto desempenho.

Mais tarde fui perceber que muito do que até aqui foi tratado constitui normas presentes na ISO 26.000 que estabelece os sete princípios abaixo:*

1. **Accountability**: responsabilidade pelas consequências de suas ações;

2. **Transparência**: informações claras, acessíveis e compreensíveis a todos;

3. **Comportamento ético**: honestidade, integridade e equidade perante todos;

4. **Respeito pelos interesses**: ouvir, considerar e responder aos interessados.

5. **Respeito pelo Estado de Direito**: cumprimento integral da legislação vigente.

6. **Respeito pelas normas internacionais**: cumprir acordos e tratados mundiais.

7. **Direito aos humanos**: reconhecer a universalidade dos direitos humanos.

Como dizia, eu estava prestes a encarar a primeira ocorrência no comando do GATE após a minha volta. Mas a história toda eu conto no próximo capítulo.

---

* Revista *Exame*.

5
ASPECTOS DE LIDERANÇA EM UMA EMPRESA DE ALTA PERFORMANCE

Depois do meu retorno, a primeira ocorrência como comandante não demorou a acontecer. Houve um roubo a banco na cidade de São Paulo. Evidentemente, os criminosos estavam fortemente armados e, na tentativa de roubar o banco, fizeram um péssimo planejamento e deu tudo errado. A polícia foi eficiente no atendimento da ocorrência, chegando rapidamente ao local do evento. Os criminosos tiveram a sua fuga impedida pelos policiais e, com medo do confronto, fizeram reféns e se esconderam nos banheiros da instituição bancária.

Os meus colegas, patrulheiros de área, que atuam num equivalente aos clínicos gerais nos hospitais, tentaram dar um atendimento inicial à ocorrência, mas faltou a eles a profundidade necessária para a nova situação que se instalou; faltou a eles a técnica apropriada e a especialidade para o trato na ocorrência com reféns, que, sejamos justos, não é a atribuição própria dos policiais de rua. Nesses casos, o que devem fazer? Como tenho dito, nessas ocasiões, deve-se chamar o GATE. E foi o que fizeram.

Como já mencionei, quando a sociedade tem um problema ela chama a polícia. Quando a polícia tem um problema, ela chama o GATE.

Tendo sido chamados, lá fomos nós, a tropa e eu no comando. Chegamos ao local e, imediatamente, fui me aproximando do ponto crítico onde estavam os criminosos e os reféns. Chamamos de "ponto crítico" o perímetro onde se situam as vidas diretamente envolvidas, os nossos "clientes", tanto os reféns quanto os criminosos. Ao me aproximar, assim que o criminoso me viu e também notou o emblema do GATE no meu uniforme, a situação mudou.

Um emblema ou logotipo carrega a marca da empresa que um profissional representa. Olhar para esse símbolo transmite um conjunto de informações, história, tradição, sentimentos, qualidade, superioridade, sucessos e bem-estar que aquela empresa, produto ou serviço entregam para os seus clientes e para a população em geral. As associações são inevitáveis e imediatas.

Esse foi o caso no ponto crítico. Quando o criminoso viu a marca que eu representava, a marca da minha "empresa", ele imediatamente se lembrou de qual era a fama do GATE, quais os resultados da sua atuação em função do histórico recente que ele e os criminosos conheciam. Era o GATE que chegava para matar, não para negociar uma saída justa e segura.

Você sabe o que o criminoso disse para mim quando viu a minha marca GATE no uniforme? *"Ih!* GATE não! GATE é tiro no coco". Assim, o que estava ruim, ficou pior.

Ouvir aquelas palavras foi um baque, foi como tomar um soco no estômago. Imagine-se na seguinte situação: você chega a um hospital, necessitando urgentemente de atendimento. O médico de plantão é um recém-formado que está atendendo como clínico geral. Você está se sentindo mal e tem a expectativa de ser atendido por um especialista e se vê diante de um plantonista com pouca experiência. Qual deverá ser a sua reação como paciente? Espera que o clínico vá resolver o seu problema?

Esse foi o quadro naquele dia. O GATE deveria resolver o problema do sequestro de reféns, em que a calma, o controle, a estabilidade e o diálogo devem prevalecer, mas chegou ao local da ocorrência levando pânico, tensão e medo.

Eu não acreditava que seis anos haviam se passado e nós continuávamos dando à sociedade a mesma impressão, bem como detínhamos a mesma percepção em relação ao nosso cliente. Seis anos e nenhuma mudança! Isso reflete um quadro bastante comum, orientado por uma suposta sabedoria, já citada neste livro, que circula no país: "Em time que está ganhando não se mexe". Quem se acomoda a esses jargões, a essas máximas populares, nunca fará nada diferente, nunca irá se destacar em nenhuma área do mundo dos negócios. Mesmo em time que está ganhando é, sim, importante mexer.

Acomodar-se a um modelo campeão, que está dando certo, abre margem para o concorrente perceber a sua acomodação, organizar-se, mudar a estratégia e tirar você do mercado.

No mundo dos negócios, acontece um fenômeno semelhante, mas que você pode reverter imediatamente. Enquanto a sua equipe e você entregam bons resultados, organizem-se para elaborar os próximos passos. Planeje sempre, revise procedimentos, processos, atualize-se, permaneça à frente do seu cliente e, principalmente, do seu concorrente.

Costumo perguntar para os alunos e presentes nas minhas palestras quem eles acham que é o meu cliente. Considerando o GATE como a minha empresa, a marca que represento. As respostas são sempre muito curiosas e incluem algumas como: "O seu cliente são os reféns" ou "o seu cliente é a sociedade".

Líderes não podem se confundir diante do negócio que irão conduzir.

Quem é a pessoa a quem eu deveria me dirigir naquela operação?

O refém precisa se acalmar, mas, sob o ponto de vista do criminoso, ele não passa de uma mercadoria. Reféns não abrem a boca, permanecem calados no seu canto. Veja que essa é uma análise fria, embora tenhamos o objetivo de proteger o maior número de vidas humanas. Se você acha que o meu cliente é a sociedade, a rigor você está correto, mas isso num plano mais distante, uma meta da polícia como um todo, ou seja, proteger a sociedade. Mas ali, no calor do teatro de operações, isso está um pouco distante.

Portanto, um uma ocorrência com reféns localizados, a "outra parte" é o criminoso. É com ele que vou conversar, negociar e estabelecer o melhor acordo possível – portanto, ele é o meu cliente.

Como você, do mundo corporativo, pode extrair uma lição dessa situação? A lição que vejo aqui é clara: nunca reclame dos seus clientes. O meu cliente não gosta de mim, quer fugir de mim e, se eu bobear, ele poderá atirar em mim. Suponho que seu cliente no mundo corporativo seja um pouco mais civilizado. Cliente é ouro e a riqueza fará de você o melhor dentro da sua equipe, o valor que levará você a ser lembrado na instituição e no segmento onde atua está com seu cliente. Por isso, você deve percebê-lo como a pessoa no topo da hierarquia dentro do ponto crítico.

Quando percebi que o meu cliente tinha uma visão negativa de mim e da marca que eu representava, tomei um baque enorme. O que é preciso nessas situações? Resiliência.

Resiliência é um termo que vem da engenharia e está relacionado à resistência de certos materiais. Um material que sofre muita pressão ou tensão tende a se deformar. Tão logo a pressão cessa, ele deve voltar à sua forma original. Um material com essa capacidade diz-se que é um material resiliente, não sofre alterações ou deformidades depois das alterações de pressão e temperatura. Se a chapa esquentar em sua empresa ou houver muita pressão, seja resiliente!

Essa expressão foi incorporada ao mundo corporativo e nós ouvimos constantemente falar sobre resiliência. Então guarde apenas isso: resiliência é a capacidade de suportar pressão.

No meio militar — e também entre alguns civis —, usa-se a expressão "eu não caí de paraquedas" quando queremos dizer que temos algum conhecimento sobre um assunto ou que já rodamos alguns quilômetros naquele negócio. Eu conhecia bem o trabalho do GATE e sabia o que tinha de ser feito. Naquela situação, precisei incorporar o termo e o conceito de resiliência conforme tinha aprendido nos cursos, desde a minha formação. Tive de ser resiliente para poder trazer a equipe comigo, para que pudéssemos contemplar amplamente a situação e considerar qual era o *status quo* antes da minha chegada e aplicar os conhecimentos necessários e todas as técnicas possíveis para resolver a situação.

Por fim, a situação foi resolvida, os criminosos foram presos, os reféns, libertados, e eu voltei para a base com o sentimento de indignação muito forte. A indignação é o desconforto no seu grau máximo. No meu caso, a indignação vem acompanhada das palavras "chega", "basta" e "acabou".

Quando uma liderança chega ao ponto de indignar-se diante do que tem sido feito, diante da situação em que a sua empresa e a sua equipe está, é sinal de que chegou a hora de mudar o rumo de tudo — ou pelo menos de muita coisa —, não sem antes fazer profundas avaliações. Nesse momento, surge a oportunidade de iniciar um novo tempo, dando um outro sentido àquilo que tem sido feito.

Uma tropa de elite tem muitas manias, além de recorrer a diversas frases que usamos para gerar o espírito de pertencimento na equipe. As frases que usamos servem para incutir o senso de que o sujeito faz parte de um grupo unido, coeso, no qual aquele bordão "um por todos e todos por um" não é usado apenas quando as coisas estão bem. Entre nós, isso precisa funcionar porque — repito — da nossa coesão depende a nossa vida e a de terceiros, a dos nossos clientes, que são os criminosos, os reféns e a sociedade como um todo.

Sendo você o líder da sua equipe ou não, precisa ter consciência de que o mundo dos negócios não é o ambiente laboratorial da graduação ou do MBA; ele envolve milhões de dólares, é o mundo de verdade e ninguém quer perder um único centavo. Esse mercado é tão competitivo que as empresas não abrem vagas — elas caçam talentos; elas não relacionam requisitos a ser preenchidos por um candidato, elas fazem um *briefing* do profissional cujo perfil o mercado está pedindo.

Aqueles que detêm o capital não têm disposição de perder dinheiro em investimentos que não prosperam, que não lhes deem garantias, porque alguém se descuidou, cochilou ou porque perdeu um prazo ou ligou tarde demais. É dureza? É, mas é assim que funciona.

SUPER PERFORMANCE

Liderança de alto impacto, sob pressão, diferencial competitivo, criatividade, conhecimento pleno do negócio, de suas etapas e das pessoas envolvidas são algumas das diferentes partes de um estilo de vida que você não pode descuidar em sua carreira se quiser que ela chegue ao topo ou, caso esteja lá, que não desça no próximo bonde. E se você já "chegou lá", sabe quanto custou a subida.

No final, essa ocorrência foi resolvida a contento. Os reféns foram libertados, criminosos, presos, mas um novo modelo de atuação teve de ser implementado e essa história abre a oportunidade para, no próximo capítulo, compartilhar algumas ferramentas que usei para cumprir essa missão.

6
VIRTUDES IMPORTANTES PARA UM LÍDER

Há uma vasta bibliografia sobre a liderança no ambiente corporativo. De acordo com Paulo Almeida, pesquisador e professor na área de pessoas da Fundação Dom Cabral,* há no mercado uma vontade de avançar para uma liderança mais humanizada. A pesquisa realizada pelo *Guia Você S.A.*, em parceria com a FIA, mostrou que chefes coercitivos, também conhecidos como tóxicos, como aqueles que estabeleceram a famosa frase "manda quem pode, obedece quem tem juízo", são minoria e correspondem apenas a 10%. Para Paulo Almeida, são cinco as características essenciais para a liderança:

---

* *Guia Você S.A. — As 150 melhores empresas para trabalhar — 2019.*

1. Inteligência social: é a habilidade de entender e reagir de acordo com o meio social;
2. Habilidade emocional: capacidade de lidar com as emoções dos outros e com as próprias;
3. Prudência: capacidade de ouvir e absorver o ponto de vista de outras pessoas;
4. Coragem: ânimo para riscos calculados e para defender o que acredita;
5. Bom julgamento: tomar decisões inteligentes ou liderar com sabedoria um processo decisório.

Na mesma direção, segue o estudo do Fórum Econômico Mundial* sobre as dez habilidades mais valorizadas para os líderes:

1. Resolução de problemas complexos;
2. Pensamento crítico;
3. Criatividade;
4. Gestão de pessoas;
5. Coordenação de equipe;
6. Inteligência emocional;
7. Julgamento e tomada de decisões;
8. Orientação de serviços;
9. Negociação;
10. Flexibilidade cognitiva.

---

* Habilidades e liderança – World Economic Forum – 2018

LIDAR COM O CONFLITO

Quando cheguei à base, depois da missão que serviu como "um soco no meu estômago", coloquei toda a tropa na sala de aula para fazer o *debriefing* da missão. O *debriefing* é um momento sagrado para nós. É a hora em que a hierarquia fica de lado.

A reunião começa com o soldado mais novo falando. O comandante é o último a falar. Comecei a reunião dizendo mais ou menos o seguinte:

— Vamos fazer um *debriefing* da missão. Vamos falar sobre o que deu certo e o que deu errado dessa vez.

A primeira coisa que aconteceu naquela reunião foi um soldado levantar a mão e dizer que uma das viaturas tinha chegado atrasada, porque faltava um guia de ruas. Na ocasião, não havia o Waze e nem mesmo o Google Maps. O guia ao qual se referia era um mapa da capital e da Grande São Paulo em forma de um livro com muitas páginas.

— Vamos atualizar os kits das viaturas. — eu disse.

A reclamação do soldado só fez a minha indignação aumentar. Achei o comentário mera perfumaria diante de algo infinitamente mais grave. E você se lembra de qual era o caso mais grave? Lembra-se de quem é o meu cliente?

— Fulano — outro soldado disse e apontou para alguém na sala, já que nas nossas reuniões a coisa é direta, não tem politicamente correto nesses ambientes. — Fulano estava com a arma, com bandoleira mal arrumada e o boné do GATE estava torto. Todos sabem que há sempre muita imprensa no local e uma imagem com o uniforme desse jeito pode comprometer a nossa imagem em uma operação.

Respondi:

— Pessoal, vamos tomar cuidado com uniforme, posição correta de arma e outras coisas dessa natureza. Isso são cuidados importantes para a estética de uma tropa de elite.

E a minha indignação foi crescendo...

Quando chegou a minha vez de falar, agradeci a todos pelos comentários, pelas colaborações e afirmei que seriam feitos os ajustes. E acrescentei:

— A partir de hoje, vou estabelecer uma nova meta. Vamos trabalhar firme até o dia em que o bandido chamar o GATE.

Como você acha que a tropa, cujo método era "pé na porta, arma na mão e coração valente" recebeu essa nova diretriz? Para todos ali, o lema ainda era "resolva as coisas, custe o que custar!"

No mundo corporativo, a empresa que engana, mente e ilude para conseguir fechar um negócio não vai longe. Evidentemente, a minha equipe recebeu o novo paradigma muito mal. A reação mais comum entre os presentes quando estabeleci o novo paradigma foi a pior possível. Os caras ficaram loucos! Claro que não disseram nada na hora, porque "a disciplina verga, mas não quebra".

Devo compartilhar com você um aprendizado: todos nós temos três momentos na vida. O primeiro momento é quando você simplesmente fica vendo a banda passar, pensando que aquele problema não tem nada a ver com você. Segundo os dados oficiais, enquanto escrevo este livro, há doze milhões de brasileiros que estão vendo a banda passar. Não mantêm qualquer relação com um emprego formal e, provavelmente, têm a pior expectativa no mercado de trabalho. Para muitos deles, a pior hora do dia é de manhã cedo, quando acordam e começam a ouvir os barulhos de portas se abrindo, porta fechando, elevadores chegando e partindo, gente se despedindo e eles não têm destino. Sonham com uma nova oportunidade profissional. Sentem raiva daqueles que, em uma conversa informal, reclamam do trabalho, do chefe, das metas estabelecidas e das agruras do mundo corporativo. Enquanto fazem suas buscas para tentar se recolocar, pode-se dizer que estão vendo a banda passar.

O segundo momento é quando você é o instrumentista de uma banda. Você está vinculado a uma empresa, alinhado à sua política de atuação e exerce uma função que está sob sua responsabilidade. É como se você tocasse um instrumento em uma orquestra. O maestro é uma espécie de CEO, a música se compara à atividade que a empresa exerce e todos os músicos, cada qual com o seu instrumento, faz a coisa acontecer.

VIRTUDES IMPORTANTES PARA UM LÍDER

E há o terceiro momento, que tem a ver com aquele momento da vida quando é você quem diz por onde a banda irá passar e que recital apresentará ao seu público.

Imagine-se cuidando de um setor e tendo uma equipe sob sua responsabilidade.

Numa tropa de elite não se confunde uma coisa importante sobre liderança: a responsabilidade é indelegável. Portanto, se eu sou comandante daquela equipe, tudo o que acontecer com ela, de bom e de ruim, será minha responsabilidade. Como eu só tenho dois braços, duas pernas e vinte e quatro horas num dia, preciso de uma equipe para me ajudar, e essa equipe é formada pelas mais diferentes pessoas com diferentes pontos de vista; mas a responsabilidade continua sendo minha.

Eu sabia que o encaminhamento das nossas ações, do modo como eram feitas até aquele momento, não poderia ser mantido. Novos ares precisavam soprar por ali. Seis anos se passaram e nenhum avanço tinha sido feito.

E a missão proposta foi: a partir daquele momento, a gente iria trabalhar firme até o dia em que o bandido chamasse o GATE.

Traduzindo para você do mundo corporativo: eu estava dizendo que, dali para a frente, era imperativo que o meu cliente tivesse tanta confiança em mim que o meu próprio cliente faria questão da nossa presença numa crise com reféns. Isso é radicalmente diferente daquilo que foi o GATE, que "atirava no coco", a imagem com a qual tinha terminado aquele dia da primeira e desoladora operação como comandante.

Estamos falando de paradigmas, e toda vez que estamos diante de um novo paradigma, as pessoas reagem, basicamente, tendo três diferentes comportamentos: negação, teste e indiferença.

A natureza humana, por si, procura o conforto. Essa inclinação para as coisas fáceis, para os atalhos, é própria dela. Soma-se a isso a cultura brasileira do "jeitinho" e temos diante de nós dificuldades adicionais para levantarmo-nos da cadeira e tomar as coisas com as mãos, "pegar o touro pelo chifre", como se diz no interior.

SUPER PERFORMANCE

ENTÃO, considerando o cenário competitivo, a cultura individual dos integrantes de uma equipe, a cultura nacional do conforto, o primeiro comportamento que se apresenta diante da proposta de mudança de algo em funcionamento é a resistência, no limite uma negação diante da mudança. A maioria é contra as mudanças no curso das ações toda vez que um novo paradigma é proposto.

O segundo comportamento se manifesta entre os membros da equipe que, diante do novo paradigma, após ouvirem a proposta, se mostram dispostos a testar. São aquelas pessoas que, apesar de acostumadas com o modelo atual, estão percebendo que ele já apresenta sinais de exaustão. Os resultados parecem não ser mais os mesmos, as margens de lucro já não são tão significativas. Há algo no ar que parece incomodar, mas não se sabe ao certo o que é, um incômodo se faz cada vez mais presente, mas não é dessas pessoas que "brota" o novo modelo, não é delas que surge um novo *insight*. No entanto, quando ouvem algo diferente, mas que pode ser convergente com uma mudança para melhor, essas pessoas estão dispostas a testar.

É importante ressaltar que o grupo pertencente a esse segundo comportamento não vai dar efusivas manifestações de apoio, de felicidade com a nova proposta ou algo parecido. Haverá sempre um distanciamento e uma desconfiança, mas com uma dose de disposição para entender melhor o que está sendo proposto.

Por fim, o terceiro comportamento revela os mornos, a turma do "vamos ver no que dá", os indiferentes. Como escreveu Fernando Pessoa: "São os que não gozam muito, não sofrem muito, não choram muito". Os mornos são aquelas pessoas da equipe que vão para onde a onda vai, e a onda é a maioria. Estão à deriva, ao bel-prazer das ondas. O baixo senso crítico delas pega carona na avaliação que a maioria do grupo faz das coisas que virão em seguida. Se a maioria mudar, elas mudam também; se a maioria rejeitar as mudanças, essas pessoas apenas apoiam a decisão da maioria. É massa de manobra fácil para líderes que estão despontando e precisam de uma plataforma de apoio. Esse comportamento é o dos mornos.

É curioso que no livro do Apocalipse, capítulo 3, Jesus mandou o apóstolo João escrever uma carta para a igreja na cidade

VIRTUDES IMPORTANTES PARA UM LÍDER

de Laodiceia, na atual Turquia. "Conheço as suas obras, sei que você não é frio nem quente. Melhor seria que fosse frio ou quente! Assim, porque você é morno, nem frio nem quente, estou a ponto de vomitá-lo da minha boca." A cidade de Laodiceia ficava entre duas cidades famosas por suas fontes de água. Colossos tinha águas refrigerantes para o verão e Hierápolis tinha águas quentes e medicinais. Laodiceia ficava entre as duas e era morna, uma referência ao caráter das pessoas da igreja daquela cidade; assim, Jesus disse que eles serão vomitados, porque água morna ninguém merece, não é?

Eu estava bastante convicto de que esse caminho que propus era o certo. Naquele *debriefing*, por conta da maior resistência de alguns membros da equipe, posso compartilhar a primeira característica de um líder: aprender a lidar com o conflito. Isso parece bastante óbvio, mas, por parecer óbvio, até mesmo alguns profissionais promissores são seduzidos a acomodar-se a um elemento cultural, imaginando que seus esforços não poderão ser recompensados ou reconhecidos em ambientes diferenciados ou que sigam novos paradigmas.

TEMOS um problema sério em nossa sociedade ocidental, em que aprendemos a sofrer calados e a aceitar certas situações como "sendo assim mesmo" e que a Providência dará um jeito em nosso lugar. Isso também é conhecido como a "síndrome de Gabriela". Trata-se de uma alusão a uma obra de Jorge Amado, que depois virou novela, e traz uma música como trilha sonora e o trecho que diz respeito ao nosso assunto é: "Eu nasci assim, eu cresci assim. Eu sou mesmo assim. Vou ser sempre assim...".

Nós somos massacrados com a ideia de que todo mundo é bacana, com discursos sobre solidariedade, amizade, compreensão, entre outras. Esses discursos estão na ponta da língua das pessoas, porque é o que dá ibope e conforta; é o que o povão quer ouvir, e, na mídia, quem está com o microfone na mão influenciando e ganhando *likes* nas redes sociais entrega o que gera receita para elas. Essas palavrinhas são um alento para muita gente, mas elas escondem um mal.

Convido você a se dispor a encarar outra visão em relação às relações interpessoais, uma visão realista, não cosmética; nada de "tapinha nas costas". Quer se sobressair, despontar e fazer diferente? Ponha na cabeça que o mais comum nas relações interpessoais não é a harmonia e o entendimento; o mais comum entre nós é o conflito. É muita pretensão da nossa parte achar que o processo de comunicação, no qual há um emissor de um lado, um código intermediário — que é a linguagem — e, do outro lado, um ser humano para decodificar a mensagem emitida, acontecerá perfeitamente, de modo ajustado e sem ruídos. Não vai!

Estou seguro de que seguindo essa dica, muita coisa poderá mudar. Encarando as coisas como potenciais conflitos, você irá controlar as relações pessoais de uma forma melhor e mais realista. Será mais cuidadoso e avaliará melhor cada situação. Deixe de pensar que o seu concorrente o aguarda com uma caixa de chocolates importados ou um buquê de flores, porque as coisas não são assim. Sabemos que estamos pisando em um campo minado quando o assunto é a relação com as pessoas. Encarar as coisas como elas são faz com que nos preparemos melhor e isso resultará no menor cometimento de erros. É melhor sermos surpreendidos por bons resultados do que por maus.

Vou dar outro exemplo sobre como é muito fácil haver ruídos nas relações envolvendo a comunicação. Durante muitos anos, fui comentarista oficial da Rede Globo para assuntos de segurança. Um dia, eu estava no auditório e o meu telefone tocou. Sei que é deselegante atender o celular numa hora dessas e, então, enviei uma mensagem perguntando se era urgente. Veio a resposta em mensagem dizendo: "Não pode ser depois obrigado". Eu simplesmente me levantei e fui fazer a ligação de volta. Ora, se a pessoa tivesse escrito "Não. Pode ser depois. Obrigado", o entendimento seria outro. Um ponto ou uma vírgula mudaria todo o significado da frase.

Uma vírgula pode matar uma pessoa, ao menos numa história em que escreveram errado o desejo do rei a respeito de um preso.

O bilhete dizia: "Não, enforquem o copeiro!", quando deveria ser: "Não enforquem o copeiro!", poupando a sua vida.* Uma vírgula pode deixar você mais pobre. Quanto prefere receber pelo serviço ou ter na conta-corrente? Vinte e três reais e quarenta centavos ou dois reais e trinta e quatro centavos. Há diversos casos, entre eles:

"Não, espere!" em vez de "não espere".

"Aceito, obrigado" em vez de "aceito obrigado".

"Isso só, ele resolve" em vez de "isso só ele resolve".

"Esse, juiz, é corrupto" em vez de "esse juiz é corrupto".

"Vamos perder, nada foi resolvido" em vez de "vamos perder nada, foi resolvido".

"Não queremos saber" em vez de "não, queremos saber".

E a famosa disputa de gêneros na seguinte frase:

"Se o homem soubesse o valor que tem a mulher andaria de quatro à sua procura."

Dizem que se você é mulher, certamente colocaria a vírgula depois da palavra mulher; se você é homem, colocaria a vírgula depois da palavra tem.

Portanto, uma lição rápida que espero que você grave: você ficará melhor, não só como profissional, mas como pai de família, como marido ou esposa, quando mudar o *setup* para entender que o conflito entre as pessoas é mais comum do que a harmonia e o entendimento.

Você, como líder, deverá estar preparado para se deparar com esse cenário conflituoso sempre, e entrar nele para chegar a um consenso que promova a paz, a harmonia, a equidade e tudo o mais que for necessário.

---

* A história pode ser lida em <http://scritturistico.blogspot.com/2011/11/o-homem--que-morreu-por-causa-de-uma.html> Acessado em: 30.01.2020.

TRABALHAR EM EQUIPE

Outra lição para um líder é entender a importância do trabalho em equipe. Compreender que sozinho talvez até se vai mais rápido, mas não se vai muito longe, pois é sempre a estrutura que dá suporte ao processo. Com isso, surge uma provocação para as pessoas da área de RH. Como já mencionei, não gosto da expressão Recursos Humanos, pois entendo que isso desvaloriza o ser humano ao colocá-lo como um recurso, em pé de igualdade com algo de menor valor, como os equipamentos em uma empresa. Considero inadequada a junção dessas duas palavras. Já que citei a Globo, lá se usa uma expressão que considero um pouco mais sofisticada: capital humano. Bem, isso não resolve a questão, mas melhora. Nas minhas falas, adotei a dica de um aluno, que sugeriu que eu poderia sair dessa cilada usando dois substantivos: área de pessoas. Achei sensacional!

Talvez você já tenha ouvido falar do "jeito caveira" de gestão de pessoas nas tropas de elite. Antes que imagine ou reclame de mau gosto, posso explicar o que significa "caveira" no mundo policial e, em seguida, farei a aplicação para o mundo corporativo.

A caveira, ou a imagem de uma caveira com uma faca encravada num crânio, é o símbolo de algumas tropas de elite, como o BOPE, por exemplo. Ao contrário do modo como muitos pensam, a despeito de parecer uma imagem inadequada e de mau gosto, retrógrada e repressiva, o símbolo da faca na caveira é muito importante e nobre. Diz a lenda que essa imagem surgiu durante a Segunda Guerra Mundial, quando os exércitos aliados entraram nos territórios alemães, encontraram os campos de concentração e inúmeros prisioneiros, quase morrendo de desnutrição. O campo de concentração havia sido abandonado pelos alemães. Um capitão das tropas aliadas entrou no gabinete de comando daquele campo e encontrou a mesa do comandante do campo de concentração, e sobre ela havia um crânio. O capitão dos aliados teria apanhado a sua faca de combate — aquelas facas robustas, com serras, usadas em filmes de ação —,

VIRTUDES IMPORTANTES PARA UM LÍDER

cravado no crânio e dito: "Hoje a vitória prevaleceu sobre a morte".*
Em outras palavras, estes que estavam condenados a morrer não
mais morreriam, pois foram salvos.

Esse gesto nobre ficou marcado e se tornou um símbolo. Com
o tempo, alguns departamentos de polícia adotaram em seus logo-
tipos as duas garruchas — ou bucaneiros —, mas o que há por trás
dessa imagem é a magnífica história. Hoje, nós usamos a imagem
da caveira e até chamamos uns aos outros como "caveira", uma expressão que faz parte do nosso repertório.

Aproveitando para aprofundar o nosso vocabulário, você en-
contrará mais quatro expressões que serão úteis no seu cotidiano
em um mundo corporativo, porque elas retratam situações comuns
aos nossos ambientes e exigem uma tomada de decisão. Assim
como o caso do nosso *debriefing*, essas situações envolverão boas
doses de percepção sobre o que escrevi sobre os relacionamentos
interpessoais apoiarem-se mais nos conflitos do que na harmonia. Vamos às palavras: potencial, desempenho, competência e
comprometimento.

Em nosso método gestão de pessoas à moda caveira temos algumas combinações e significados:

Alto potencial e alto desempenho: o que se deve fazer com a pessoa que tenha esses traços em seus quadros? A mim parece óbvio:
promovê-la. Ela está "voando baixo", mandando bem, não tem o que
questionar. Se não promover ou oferecer um desafio mais significativo, você corre o risco de perder esse profissional. Pode ter certeza
absoluta de que o concorrente está muito interessado em ter alguém
com esses predicados.

---

* As palavras do capitão são um eco das palavras do apóstolo Paulo em 1 Corintios
15.54-57, que diz: "Quando, porém, o que é corruptível se revestir de incorrup-
tibilidade, e o que é mortal, de imortalidade, então se cumprirá a palavra que
está escrita: '*A morte foi destruída pela vitória*'. 'Onde está, ó morte, a sua vitória?
Onde está, ó morte, o seu aguilhão?'. O aguilhão da morte é o pecado, e a força do
pecado é a lei. Mas graças a Deus, que nos dá a vitória por meio de nosso Senhor
Jesus Cristo".

Alto potencial e baixo desempenho: pessoalmente, *eu quero esse cara*. Esse é o tipo de profissional com o qual dá prazer em trabalhar, porque, em linhas gerais, ele só precisa ser treinado. O seu baixo desempenho se deve ao fato de estar faltando alguma orientação mais específica, um ajuste fino no modo como ele vê e realiza alguma operação e ele terá todas as condições de entregar mais pelo potencial elevado que demonstra. Se não está entregando o suficiente, é porque há algum problema que pode ser corrigido a tempo e precisamos investir nele.

Baixo potencial e alto desempenho: trata-se de um profissional que não apresenta potencial para enfrentar um novo desafio, mas ele está tão bem encaixado na função que exerce que a recomendação é mantê-lo. Sob o nosso ponto de vista das tropas de elite e das empresas de alta performance, não se trata de uma posição confortável e segura, pois se surgir uma crise na empresa, esse funcionário é o primeiro a ser dispensado. Imagino que você deve estar se perguntando sobre algo estranho nessa explicação. É só ter paciência para chegar ao final de mais alguns parágrafos.

Baixo potencial e baixo desempenho: bem, aqui chegamos a um nível de comportamento e entrega que não nos é familiar, uma vez que essas pessoas nem passam na nossa porta e, certamente, não fazem parte de uma empresa de alta performance. Não pense que menosprezo pessoas assim no dia a dia, na vida pessoal. Esse profissional tem o perfil para trabalhar em outras coisas ou mesmo em outra profissão – mas aqui, não. Separe as coisas: amigos e família não precisam ser profissionais talentosos e requisitados. É fácil entender quando o círculo de amizades de uma pessoa concentra grandes talentos, porque os nossos amigos tendem a ser parte das pessoas com as quais nos relacionamos no horário comercial. O ponto aqui é a montagem e a manutenção de uma equipe ou departamento em uma empresa competitiva, que o mercado exige até o bagaço, ou seja, exige sempre o melhor e tudo o que ela poderá oferecer.

Desse modo, entendemos como é o processo seletivo de uma tropa de elite e de uma empresa de alta performance. É preciso ter o cuidado necessário para barrar o candidato que não deixa claro

VIRTUDES IMPORTANTES PARA UM LÍDER

o seu potencial para os desafios vindouros e, consequentemente, possui um grande risco, evitável, quanto ao desempenho esperado.

Para concluirmos esta parte, que relaciona palavras e conceitos com os quais temos de trabalhar, incluo as duas outras palavras que compõem o nosso vocabulário. Elas são competência e comprometimento. Em síntese, competência é saber fazer e comprometimento é querer fazer.

O que seria da competência se não se soubesse fazer as coisas bem-feitas? A competência por si bastaria? Não. É preciso ter comprometimento, e comprometimento é a vontade e o esforço por fazer algo, o envolvimento, o olhar sobre os impedimentos e querer chegar lá. É a vontade além das possibilidades. Isso é comprometimento. Não é discursinho motivacional que resolve a falta de comprometimento. Não é mensagem de WhatsApp logo cedo, não é vaso de flor sobre a mesa nem tapinha nas costas na hora do café. A pegada é outra!

Nesse quesito, não seria exagero dizer que a tropa de elite se assemelha muito a uma empresa de alta performance. Quando surge uma vaga em uma empresa de alta performance, dessas bem famosas e que todos conhecem, quantos candidatos a *trainee* aparecem? A fila é grande. O mesmo acontece quando surge uma oportunidade de compor a tropa de elite. Quantos não querem trabalhar numa tropa como o GATE, a SWAT, o BOPE? Mas quantos e qual o perfil daqueles que verdadeiramente ingressam nesses quadros? São poucos e são os mais empenhados, que superam as dificuldades, não esperam a mãozinha de ninguém, porque a meritocracia rege o ingresso e a ocupação dos melhores postos, das melhores vagas. Isso eu já mencionei e você sabe.

SELECIONAR BEM O COLABORADOR

Na tropa de elite há um modo peculiar de ingresso, que é o Curso de Operações Especiais, algo que o filme *Tropa de Elite* mostrou relativamente bem. O nosso processo seletivo é feito para um grupo que disputa uma das trinta vagas disponíveis. As inscrições são abertas uma vez por ano. Nessas ocasiões surgem, em média, cem bons candidatos, que, em geral, não são aventureiros, pois a fama do curso e suas exigências são bem conhecidas e também porque os candidatos já sabem o que irão enfrentar durante o processo.

A nossa seleção com os cem candidatos é eliminatória, deixando apenas os trinta mais aptos e resistentes, uma vez que trinta é o número de vagas disponíveis para começar o curso. Manter um curso como o nosso exige recurso financeiro alto, que, em geral, é escasso nas polícias, como em outros serviços públicos. Por isso, temos uma estratégia para lidar com o problema e a chamamos de "semana zero", ou "semana do inferno". Depois da primeira seleção, damos mais uma chacoalhada no coqueiro. É realmente uma semana dura para os candidatos aprovados no exame seletivo.

Aqueles que passam antes da primeira semana recebem uma lista de itens que deverão ser trazidos. A essa lista nós chamamos de enxoval. "Traga o seu enxoval": joelheira, cotoveleira, luva tática, cantil, lanterna, cinto, colete, capacete, óculos de proteção. Sente o drama? Nada de aparador de pelos, loção, creminho de mão nem chapinha, porque quartel não é salão de beleza e a tropa não é "bonde do milicão".*

Na primeira semana de curso, os trinta pré-selecionados no concurso, todos policiais, se apresentam no local marcado. É aí que acontece uma coisa curiosa. Em primeiro lugar, considere que até aquele ponto ninguém se conhece, porque cada policial vem de um canto diferente do estado. Um vem da capital, o outro do interior, o outro da grande São Paulo, e assim por diante. Mas há um clima que a gente percebe no ar: o egoísmo que cada um traz. Isso está estampado no comportamento deles. Como o pessoal costuma dizer, o sujeito se acha a "última bolacha do pacote", a "última Coca-Cola no deserto", só porque passou no concurso para *trainee*. Ele não foi

---

* "Bonde" é a expressão que os jovens usam nos movimentos culturais e musicais e "milico" é uma antiga forma de chamar os militares.

efetivado ainda e nem sabe se será, mas já ostenta um ar de superioridade absurdo. É assim que os novos candidatos se comportam no seu meio? Egoísmo não é sentimento adequado a ambientes coletivos das empresas de alta performance.

Quando nos aproximamos deles, ouvimos coisas como "esse é o meu cantil", "essa é a minha lanterna"; ele considera tudo "seu", porque acredita que está ali por ser o melhor de todos. De fato, ele é competente; afinal, superou quase uma centena de outros candidatos.

Para cada missão, há uma estratégia, e as estratégias exigem que incorporemos, cada um de nós, o espírito do ambiente ou da operação. Operação com refém tem os seus protocolos, que são diferentes dos protocolos de rebelião em um presídio, que são diferentes dos protocolos que regulam o sequestro, que diferem dos assaltos a banco. Cada missão tem um procedimento muito específico que exige concentração, técnicas distintas, posturas e comportamentos adequados. Assim, o processo seletivo é uma missão, depois vem o treinamento e, por fim, se aprovados, é que serão efetivados.

Com esses exemplos, quero dizer que no momento em que chegam para a semana zero, os candidatos devem – e isso é imperativo — incorporar o espírito daquele tempo em que passarão com os instrutores enfrentando os novos desafios. Ingressou? Passou no processo seletivo? Mude o *mindset*, porque na nova fase os desafios serão outros. Se o sujeito não se dá conta disso, nós o ajudamos a chegar lá. Sabe como? O nome do "pó de pirlimpimpim" é tanque tático.

Tanque tático é o nome que damos a uma dinâmica bacana, usada para quebrar o egoísmo dos nossos *trainees*. No dia do tanque tático, bem cedo, logo de manhãzinha, levamos todos os alunos até uma piscina, a um lago ou a um rio. O local não importa; só tem um detalhe que não pode ser mudado: tem de ser um lugar com água fria – gelada, se possível. Às seis horas da manhã o exercício começa e ele dura até o meio-dia, e o tempo todo eles ficam na água. Quem entra na água? O sujeito do "esse é o meu cantil", "essa é a minha lanterna", "esse é o meu cinto". Os instrutores ficam bem agasalhados, chocolate quente na mão, afinal, já passamos por isso.

Daí, com o grupo de *trainees* reunido, passamos à instrução: atenção, senhores alunos, o exercício de hoje é o "tanque tático". Serão seis horas dentro da água a partir de agora. Por favor, entrem na água!

Então, os alunos entram na água e, imediatamente, acontece o fenômeno físico-químico natural: a água começa a roubar o calor do corpo do sujeito e devolve a ele o frio do ambiente. Nós, instrutores, ficamos do lado de fora, observando as diferentes reações, que, para ser bem sincero, não diferem muito umas das outras.

A expressão facial deles é impagável. Dentro da água, começa aquela coisa incômoda do frio, do desconforto, como falamos no início do livro. Essa é a fase número um do exercício, tudo natural, sem problema para um candidato a efetivação numa tropa de elite. Ele entrou na água gelada e está com frio.

Depois virá a fase dois, quando o frio ficará mais intenso. Nessa fase, os lábios ficam roxos, o sujeito começa a tremer muito, um tremor descontrolado. Chamamos carinhosamente essa fase de "bunda batendo palmas", porque treme tudo no corpo do aluno e, por melhor preparo físico que ele tenha, a água fria se encarrega de fazer tremer cada centímetro quadrado do fortão egoísta.

Nessa segunda fase, há dois comportamentos que em geral são esperados: aqueles sujeitos que são mais sensíveis pedem para sair e os outros, que são ou parecem ser mais casca-grossa, mais determinados, se aferram e não pedem arrego. Esses, se bobear, entram na fase três, que é a hipotermia. Mas a gente não deixa que cheguem a isso. Se chegarem à fase dois, os mais sensíveis ao frio pedem para sair e, se não pedirem, nós mesmos os tiramos da água. A fase três tem risco de hipotermia, e isso é grave. Não podemos permitir isso. O curso deve levar o aluno até o limite dentro de uma razoabilidade e respeitando-se os padrões de segurança.

VIRTUDES IMPORTANTES PARA UM LÍDER

DEPOIS de retirarmos o aluno da água, ou recepcionarmos aquele que pediu para sair, porque não estava aguentando o frio, nós o colocamos sentado num banquinho e damos a ele um cobertor térmico para que recupere a sua temperatura normal.

É óbvio que, ao sair da água gelada, estando na fase dois, e ser colocado no banquinho com o cobertor térmico, bastam alguns poucos minutos para ele regredir para a fase um e logo depois estar próximo da sua condição normal, apenas molhado. Nessa hora, o instrutor-chefe se aproxima e conversa com o aluno, perguntando se ele já está um pouco melhor e também fazendo a pergunta mais importante do dia: "Você quer voltar para o tanque ou tocar o sino dos derrotados e pedir para sair definitivamente do curso?". Na maioria das vezes, o aluno responde que quer voltar para o tanque e, para nós, isso é uma glória, pois demonstra que aquele aluno, de fato, está determinado e não é qualquer pequeno obstáculo que o fará desistir da sua meta de pertencer a uma tropa de elite – e por que não a uma empresa de alta performance?

Recitar a "Oração do Guerreiro" sentado no escritório é uma coisa; orar na água durante a semana zero é outra bem diferente! Mas se o sujeito quiser sair antes, basta tocar o sino e sair definitivamente do curso. Sem ressentimentos. Se ele quiser permanecer no tanque, dará demonstração de que não é um aventureiro, um fanfarrão, como disse o Capitão Nascimento. Aos que desistem, nós os chamamos de "calça curta", "boca aberta" ou "borracha fraca". Se o cara veio e ficou, é porque tem determinação, e essa determinação será reconhecida.

Bem, o exercício dinâmico segue. Alguns que saem da água querem voltar. Só que, quando voltam para a água, o impacto inicial, que tinha demorado cinco minutos para acontecer na fase um e na fase dois, agora levará apenas três minutos ou menos. O sujeito já estará mais degastado e terá perdido calorias preciosas.

A dinâmica é longa e chega uma hora em que nós, instrutores, temos de nos revezar. É um tal de sai do tanque e volta para o tanque que a situação vira um frenesi. Cada um que volta para o tanque, aplaudimos e enaltecemos pela determinação perante o desgaste crescente, e é nessas circunstâncias que o fenômeno acontece. Diante da dureza da situação, o egoísmo parece ceder lugar a algo novo. Pela primeira vez naquela semana, um aluno puxa conversa com o outro com mais cumplicidade, o que, até então, no lugar do coturno, havia uma espécie de salto alto, e a conversa entre os alunos enfim acontece:

— 06, 06 está me ouvindo?

— Fala 05.

— 06, não aguento mais, cara. Eu já saí quatro vezes. Se eu sair de novo, vou pedir para sair de vez.

— Cara, eu também não estou aguentando mais, tenta mais um pouco, mas vamos em frente — o 05 responde.

Veja como as coisas mudam. O cara durão, orgulhoso, egoísta se rende. É numa situação dessas que, por exemplo, o 05, que está na pindaíba, pedindo arrego, quase desistindo, diz:

— Me agarra aí.

E sempre tem um com a mente poluída, que imagina coisa errada. Mas o lance é o seguinte: dentro da água gelada, não pega nada, é risco zero.

Brincadeiras à parte, o que está em jogo é que o calor do peito de um passará para as costas do outro e as costas do outro aquecerão o peito do primeiro. Os outros alunos que estão na mesma situação começam a perceber que o negócio funciona, que eles ganharão maior resistência se jogarem fora o egoísmo e se tornarem uma equipe. Então, um se junta com o cara ao lado, outros dois se juntam e, aos poucos, vai se formando aquela roda, um bolo de alunos unidos por uma missão coletiva: resistir e concluir a missão. Isso é equipe, o resto é balela caça-níquel para levar o seu dinheiro embora.

E nesse ponto, então, surge a segunda grande característica de um líder: o trabalho em equipe. Isso é trabalho em equipe no seu grau máximo. Uma confusão comum que tenho notado é quando uma equipe ou membros dela enxergam a sua missão por áreas. É sempre o todo que importa. O nome é a força da nossa empresa.

Imagine uma situação de venda de um produto. Haverá um problema de concepção se a venda for realizada, mas o jurídico der uma

VIRTUDES IMPORTANTES PARA UM LÍDER

vacilada no contrato, a expedição não cuidar da entrega e a produção der uma cochilada na hora de acelerar. Não adianta seguir com pessoas e áreas que se veem desconectadas umas das outras no cumprimento das metas da empresa. Na tropa de elite, do primeiro policial responsável pela manutenção dos equipamentos ao motorista que dirige a viatura, todos fazem parte da mesma equipe e estão envolvidos na mesma missão. Trabalho em equipe nas empresas deve ser visto como mandatório, como é para nós.

Um bom modelo no âmbito corporativo é a NASA. Se você perguntar para um funcionário da limpeza da NASA "Qual é a sua missão aqui?", ele responderá: "A minha *missão* aqui é ajudar a colocar um foguete no espaço. A minha *tarefa* é manter as coisas limpas".

Um líder hábil tem como característica a visão ampliada do todo (do processo, da estrutura, do seu pessoal) e conhecimento do seu negócio, bem como dos anseios e das necessidades do seu cliente. Explore isso, desenvolva-o e destaque-se!

"Um jogador que engrandece o time é melhor que um grande jogador."

POSSUIR INFORMAÇÃO

O líder experiente não deixa escapar a oportunidade de se inteirar e de se aprofundar cada vez mais num importante aspecto do bom desempenho nas suas funções. Refiro-me ao fato de conhecer bem o seu negócio. Temos aqui mais uma importante característica de um líder: informação. No mundo como o nosso, quando *big data* é uma das áreas mais bem pagas do mercado, não justifica o desconhecimento, a falta de informação, de qualquer natureza. Conheça os seus concorrentes, descubra os seus pontos fracos e os fortes — e faça autocrítica, conhecendo os seus pontos fracos também —, saiba quais as tendências que estão em andamento, informe-se sobre o seu pessoal e o que cada um pode fazer para melhorar o rendimento dos negócios nos quais você se envolve. Enfim, há diversos eixos sobre os quais precisamos ter maior conhecimento e informações precisas e atualizadas.

A informação não é uma preciosidade dos tempos atuais. Como sabem, comecei a minha carreira na década de 1980 e, naquele tempo, a informação já era um bem precioso. Assim, desde cedo aprendi a valorizar a informação, especialmente quando temos de nos envolver em uma ocorrência. Tudo o que ensino durante as aulas e palestras aprendi numa gestão que durou sete anos no GATE, período em que tive de lidar com as ocorrências com reféns e, para isso, coisas que, certamente, são válidas para o mundo corporativo, como tenho demonstrado. A base para que eu chegasse a esses sete anos de gestão foi a construção de uma carreira alinhada à informação precisa.

Numa das ocorrências com as quais lidei, houve um episódio importantíssimo. O sujeito havia feito a própria namorada refém. Como ele tinha usado todo tipo de droga antes da tomada da refém e estava visivelmente perturbado, os meus colegas que chegaram primeiro ao local da ocorrência não tinham conseguido estabelecer uma comunicação, um *rapport*.

O *rapport* é um conceito da psicologia e, como técnica, ele é usado para criar uma conexão com outra pessoa.* Na rotina policial, o *rapport* acontece quando se estabelece uma relação com uma pessoa. Dessa forma, podem surgir dois sentimentos imediatamente. Um é a simpatia, que atrai e cria um ambiente propício à solução do problema. O outro é a antipatia, a repulsa, que afasta um do outro e dificulta a relação entre as partes durante um contato.

Em um contato, é possível olhar para a pessoa que está à sua frente e não sentir nem simpatia nem antipatia. Então, nesses casos, a dica é estabelecer um olhar mais detalhado, atento e crítico — criterioso —, na tentativa de sentir as dores da pessoa, colocar-se no lugar do outro, ou seja, deverá buscar a empatia.

A empatia condiciona um líder a um novo olhar, ampliando o seu campo de visão, expandindo o volume de informações das quais vai dispor durante o seu trabalho.

---

* A palavra *rapport* vem do termo francês *rapporter*, que significa "trazer de volta".

VIRTUDES IMPORTANTES PARA UM LÍDER

Permita-me dar um simples exemplo de *rapport*. Trata-se de uma experiência pessoal. Gosto de moto e a minha é uma máquina alemã, com dois cilindros, refrigerada a ar e óleo e produzida há mais de quarenta anos. A concepção do motor era a mesma até recentemente. Até que um dia, por questões de controle das emissões de gases, não dava mais para evoluir o motor com as mesmas características. Foi preciso criar um novo sistema de refrigeração feito à base de água. Quando isso foi informado ao público, fiquei curiosíssimo para saber sobre o teste desse novo motor, que seria realizado na Espanha.

Um dia, quando eu estava num aeroporto, vi uma banca de revistas importadas e, depois de procurar uma publicação que informasse algo sobre os testes, não encontrei nada a respeito. Perguntei ao vendedor se ele sabia de algo, mas ele disse que a revista que eu procurava não havia chegado. Enquanto falava com o atendente da banca, notei que ao meu lado havia alguém ouvindo a nossa conversa. De repente ele disse:

— Desculpe interromper, mas fui à Espanha, eu estava lá quando aconteceram os testes. Vi a moto lá.

— É sério?! — perguntei.

Então começamos a conversar e ele passou algumas informações que me interessavam. Claramente, aquele sujeito também era um apaixonado por motos e por aquele modelo em especial. Isso é *rapport*. Estabeleceu-se uma afinidade, uma empatia entre duas pessoas que não se conheciam em decorrência de algo que elas tinham em comum. Assim, cria-se um vínculo pelo qual as possibilidades de melhor conhecimento, aprofundamento no diálogo e harmonia se ampliam gradativamente rumo a um objetivo maior para beneficiar a todos ou ao maior número de pessoas.

No dia daquela ocorrência do drogado com refém, havia muita dificuldade de estabelecer um *rapport* com o criminoso. O sujeito estava alterado, drogado, fora de si e armado, o que exigia maiores cuidados. A única alternativa era dar um tempo na conversa até que os efeitos dos entorpecentes estivessem em um nível que favorecesse o estabelecimento de um vínculo, de uma conexão, de um *rapport*.

Contamos com vários recursos e estratégias, porque em nossa rotina é preciso estar pronto para lidar com situações diferentes, cada uma com os seus detalhes próprios. Assim, uma dessas estratégias é envolver algum familiar do criminoso, visando à desmobilização da pessoa que planeja atentar contra a própria vida ou a de terceiros. Isso é planejamento, pois, no calor de uma ocorrência, não se imagina uma coisa dessas. No máximo, procuramos preencher lacunas de uma estratégia já prevista, elaborada com antecedência, estudando ocorrências já realizadas no país e também no mundo, analisando os casos anteriores, os prós e os contras, a fim de chegarmos a um consenso produtivo e bem-sucedido.

No trabalho que corre paralelamente à negociação com o criminoso, a minha equipe havia descoberto que a ex-esposa do viciado morava no mesmo bairro onde a ocorrência se desenrolava. Fui até o local para ver o que conseguiria. Os meus policiais se informaram sobre o perfil dele, o seu caráter e temperamento e, assim, descobrimos que o motivo da separação tinha sido o vício em cocaína. Aconteceu que o criminoso viciado, não conseguindo superar as tentativas de internação para desintoxicação, deixou a relação se deteriorar, e a ex-esposa, cansada, pediu a separação. Quando apareci, a mulher foi logo dizendo: "Sabia que aquele traste iria aprontar. Ele é um picareta. Eu sou trabalhadora, não gosto de droga, mas temos uma filha...".

A mulher foi acalmada; ela havia sido bastante útil. Durante a conversa que teve com os policiais, veio à tona uma informação muito importante e que foi usada durante a negociação. A mulher revelou que, embora o ex-marido fosse um fracassado em vários aspectos e não conseguisse se manter por muito tempo em um emprego formal, na vida afetiva, como pai, ele sempre foi uma pessoa exemplar. Nunca deixou de visitar a filha pequena, era atencioso e carinhoso e só às vezes falhava no pagamento da pensão alimentícia, o que era possível compreender em razão do desemprego constante.

Aproveitando a deixa, resolvi utilizar essa informação e explorar os sentimentos dele em relação à filha, a quem amava. Então, trouxe para a mesa de negociações aquelas informações familiares

VIRTUDES IMPORTANTES PARA UM LÍDER

e explorei o aspecto da relação paterna. Como diz o ditado popular, "isca foi engolida com chumbada e tudo". Notei que ele ficou emocionado e o seu comportamento começou a se alterar notavelmente. Foi então que tive uma ideia. Pedi à minha equipe que providenciasse uma fotografia da filha dele e orientei para que trouxessem uma dessas fotografias de álbum de família. Pedi que procurassem uma foto em que a menina aparecesse linda e feliz.

Quando trouxeram a fotografia, apanhei uma folha de papel e escrevi um bilhete, como se fosse a própria garota escrevendo uma cartinha para o seu pai amado. Nas palavras, procurei ser cuidadoso, deixando explícito o tom emocionado. No final, escrevi um apelo: "Papai, eu te amo. Por favor, preciso de você. Siga as orientações dos policiais".

Aproximei-me dele e retomei a negociação. Falei das suas qualidades como pai e usei muitas das informações obtidas com a ex-esposa. Mencionei detalhes das várias demonstrações de afeto que ele tinha em relação à filha e reforcei o amor que tinha por ela. Ele ouvia a tudo calmamente. A sua respiração demonstrava que havia se acalmado e que estava nitidamente emocionado com o que ouvia de mim. O peixão estava rendido, mas ainda não havia sido tirado da água. Então eu disse: "Sua filha não está aqui. Mas, se ela estivesse, gostaria de te dizer algo muito importante".

Para consolidar o meu argumento, passei a fotografia da menina por debaixo da porta que nos separava, pois ele estava em uma sala mantendo a namorada como refém dentro da residência dela. Quando ele recolheu a fotografia, não suportou, desabou a chorar. Ainda sob forte emoção, alguns segundos depois ouvimos o seu comentário: "Nossa, mas que letrinha, hein!". Foi preciso um esforço maior do que a própria negociação para que contivéssemos o riso dos policiais, já que todos eles conheciam a fama da minha péssima caligrafia. Fosse nas anotações, fosse no despacho de documentos administrativos, muitas vezes o que eu escrevia precisava ser traduzido, porque a minha letra de fato é horrível. O que compensou a letra praticamente ilegível foi a foto da menina e o seu efeito positivo, que fez o bilhete perder um pouco a importância.

O ambiente se encheu de emoção, mas não podia me deixar seduzir pelas emoções envolvidas. Precisava seguir com o meu trabalho. Decidi que era hora de dar o golpe final e, para isso, eu o chamei mais perto da porta. Disse que ele tinha um futuro pela frente e que, embora a sua filha querida não estivesse presente naquele momento, se estivesse, ela gostaria de dizer aquelas palavras. Eu jamais poderia levar uma criança a uma ocorrência. Insisti que havia muitas pessoas preocupadas com ele. Em poucos minutos, o rapaz se entregou. A ocorrência logo foi esquecida, mas a letra continua um desastre.

Naquele dia, aprendi que a informação é determinante. Todos devemos conhecer muito bem o negócio em que estamos envolvidos, a concorrência, o mercado, as tendências, cada membro da equipe. Quanto mais informações e recursos tivermos disponíveis, mais eficientes serão as chances de conduzirmos nossos projetos e produzirmos resultados. Dispor de informações úteis, precisas, atualizadas pode nos dar condições inimagináveis num momento de tomada de decisão, quando a criatividade for exigida. Foi o que aconteceu. Como tive a ideia de usar uma foto com um bilhete diante de um drogado armado que mantém uma refém? Eu não sou um cara de propaganda e marketing, não trabalho em um estúdio de criação publicitária. Penso que devo atribuir esse *insight* ao fato de a equipe, trabalhando com informações reais e minuciosas, ter trazido até mim os dados que, na somatória das circunstâncias, me deram ideia. Só consigo imaginar isso. A informação fez toda a diferença.

ORGANIZAR O LOCAL

Outra ocorrência muito emblemática aqui em São Paulo e que marcou fortemente a minha carreira como negociador foi quando o Silvio Santos foi mantido refém, e eu fui chamado para ser o negociador da ocorrência. Algo curioso aconteceu naquele dia.

Eu estava fora do GATE fazendo um curso e recebi uma ligação do CEO da empresa onde eu trabalhava, ou seja, o comandante-geral da polícia. Ele queria saber onde eu estava. Na época eu era capitão, então tinha um major e um tenente-coronel como chefes acima de mim, além de outro coronel. Isso é a mesma coisa que o presidente da empresa falar diretamente com o gerente. Não tinha uma relação direta entre essas instâncias, mas ele me ligou pessoalmente e perguntou onde eu estava, dizendo, prontamente, que eu deveria ir até casa do apresentador de TV Silvio Santos.

Eu me dirigi rapidamente para lá e, quando cheguei ao local, logo vi uma bagunça generalizada, o que não é recomendado em nossos manuais. O comandante estava no local. Imagine o CEO da sua empresa em visita ao cliente. Não que isso não possa acontecer, mas trata-se de exceção. No meu caso, aquilo não tinha o menor cabimento, ou seja, aquele não é o lugar para o comandante-geral da polícia. Claro que demonstrava boa vontade, mas ele não conhecia a doutrina de gerenciamento de crise, as técnicas de negociação e nem era da alçada dele estar por dentro dessas especificidades.

Uma vez no lugar da ocorrência falei ao comandante que havia gente demais ali. Afinal, era preciso organizar o local, o que para nós tem dois significados complementares. Um é a arrumação em si, como arrumar a mesa de trabalho. Imediatamente, o comandante acatou a minha sugestão. Tomou a iniciativa e mandou de volta para o quartel boa parte do comando-geral, que não deveria estar ali em hipótese alguma. Chamou um e outro e mandou que se retirassem para que o ambiente ficasse mais limpo. Com isso, é possível ter menos interferência e ruídos.

O outro significado trata do preparo das pessoas, tendo-as em condições oportunas para uma conversa. É preciso que você tenha o controle da situação e conduza as coisas para uma finalidade predeterminada. Não importa onde seja a reunião, se numa churrascaria ou na sala VIP da sua empresa, organize o local, preste atenção aos detalhes, aos ruídos, ao ambiente emocional, até que chegue o momento certo de começar a tratar do assunto. Não é de qualquer maneira, falando de qualquer jeito, nem entrando inesperadamente no assunto que conseguimos os melhores resultados.

Observe, por exemplo, a disposição dos negociadores em volta de uma mesa. Se a mesa é quadrada ou redonda, quais os melhores assentos para as partes que conduzirão? Certamente não é lado a lado. Para qual lado você dirá para a outra parte se sentar? Se estiver tentando vender algo, não será produtivo colocar o seu interlocutor sentado de frente para a parte movimentada do ambiente, porque ele poderá se distrair facilmente. Note a altura das cadeiras. Você já reparou que um diretor ou CEO nunca está mais baixo do que as pessoas sentadas diante da mesa dele? A altura da cadeira foi pensada por alguém que se preocupou em arrumar o local da "ocorrência". Até nos supermercados há uma lógica para a colocação dos produtos nas prateleiras.

ASSIM, foi preciso dar uma ajeitada no local, dispensando algumas pessoas que tumultuavam a cena. Em seguida, preparei o ambiente para que pudesse conduzir a crise a bom termo. A nossa doutrina manda que a organização do local respeite determinados critérios, com uma arrumação adequada do ambiente, níveis de proximidade em função do envolvimento, embora não seja apenas isso. Organizar o local também diz respeito ao momento mais adequado para você falar com a pessoa. O local diz respeito tanto ao ambiente preparado para propiciar uma reunião mais "arejada" como também às pessoas com as quais nos reuniremos, observando se elas estão preparadas e prontas para conversar com você no dia em questão. Tudo pode ser envolvido, e cada detalhe faz parte de um amplo conjunto de informações. Em outras palavras, estamos falando sobre conhecer bem o seu negócio principal.

SABER OUVIR

Quando vou a uma operação com refém, já sei que o criminoso fez o refém com o único propósito: preservar a própria vida. Quando, porém, ele nota uma movimentação excessiva da imprensa, o helicóptero sobrevoando, todo mundo com muito cuidado, o criminoso dá uma "viajada", "patina na maionese", e isso facilita o surgimento de uma situação para a qual nós temos até um nome: é a fase do "eu quero".

Numa crise com refém ou outra situação em que o criminoso é surpreendido pela polícia e fica encurralado, o sujeito sabe que logo mais ele sairá dali, mas se esquece que só terá dois destinos com a letra C: a cadeia ou o cemitério.

Essa é a negociação, e um desses destinos é o objetivo para o qual a negociação avançará. E eu me sento à mesa para negociar com uma parte, as decisões tomadas darão rumo ao que a minha parte, ou seja, eu, farei em seguida. Em outras palavras, a decisão do criminoso vai determinar a decisão que tomarei. Ninguém negocia sozinho; cada um tem as próprias prioridades, e a negociação deverá fazer com que essa equação seja resolvida. Acontece que atrás de mim está a Lei e ela não me permite negociar outras alternativas para o criminoso. A beleza da minha arte é tentar convencer o sujeito a não parar num cemitério, mas sim fazê-lo decidir amistosamente pela prisão e, feliz, achar que fez bom negócio. E, de fato, depois de cometer o crime, a cadeia é o melhor lugar para onde ele pode ir.

Mas como convencer alguém a sair de um assalto com refém e entregar-se para ser preso? É a persuasão que pode levar a pessoa com a qual se negocia a chegar conscientemente a essa decisão. A persuasão usa a arte da argumentação, que, por sua vez, se vale de uma lógica formal para a condução de deduções que façam sentido. Na negociação com o criminoso, tento convencê-lo de que há um futuro pela frente, ainda mais naquele caso em que havia uma filha que era amada e que precisaria dele. Com a persuasão, mostramos quais os desdobramentos das decisões e ações que tomaremos, e a primeira decisão é tomada no primeiro momento. Depois, seguirão os seguintes rumos e, a partir da comunicação, precisamos fazer a outra parte enxergar esse itinerário e cenário que visualizamos. Mas, para isso, é preciso conhecer bem o seu negócio. Do contrário, você poderá pular alguma etapa, omitir ou esquecer algum resultado

SUPER PERFORMANCE

importante que, se for lembrado ou reconhecido pelo seu interlo-cutor, poderá interferir negativamente na negociação. A impressão que poderá passar é que você não está sendo honesto.

Alguns criminosos, mesmo sabendo que não posso dar a eles outra opção além de ir para cadeia ou para o cemitério, fazem mil e uma exigências, só porque a imprensa está passando o rosto deles na televisão em tempo real. Então, qual é a minha vontade? Coloque-se no meu lugar. Ao apresentar esse exemplo e a questão na sala de aula, sempre peço aos alunos que digam o que fariam se estivessem em meu lugar.

O bom líder é, antes de tudo, um bom ouvinte. Aprender a ouvir é um exercício e uma virtude que a gente deixa de desenvolver mais ou menos com um ano de idade, assim que começamos a falar. Alguns jamais param de falar. Quando aprendemos a falar, passamos a ouvir menos, mas isso pode ser equilibrado. Retenha mais as palavras e você ouvirá mais. Ouvindo mais, colecionará mais informações, desenvol-verá aptidões que antes estavam sufocadas pelo excesso de palavras, porque um bom líder não cairá na armadilha da chamada "escalada irracional", que é quando se leva um chute na canela e revida no joe-lho. Não! É preciso se concentrar no objetivo principal para que, dessa forma, as partes envolvidas procurem juntas solucionar a questão. Falar bonito não basta. É preciso ouvir bem também.

APRENDER A PENSAR COM A CABEÇA DO OUTRO

Outra operação emblemática da qual participei aconteceu em um presídio que reunia menores de idade. Para quem não sabe, situ-ações em presídios de adultos são mais fáceis de lidar do que em presídios onde há menores de idade. Numa rebelião em cadeia de adulto, o comandante pergunta quem é o líder e logo respondem: "É o Sardinha!" — ou qualquer outro apelido. O que é tratado com o Sardinha é "papo reto", e o combinado será cumprido. Há um res-peito à palavra empenhada.

Em cadeia onde há menores de idade as coisas são mais complicadas. Os rapazes têm problemas de autoafirmação, formam pequenos grupos e lutam entre si pelo poder, daí a dificuldade em gerenciar esse tipo de crise.

Aquele pessoal virou o presídio de pernas para o ar em pleno domingo, que é dia de visita dos familiares. Os meus colegas, policiais locais na cidade da Grande São Paulo, não conseguiram resolver o caso, simplesmente porque a situação era mais tensa do que se poderia imaginar. Assim, chamaram os especialistas, e a minha equipe foi para lá.

Ao chegarmos ao local, nos deparamos com a seguinte cena: uma barricada em chamas logo na entrada, várias mães desesperadas na porta do presídio, pois era o dia da visita delas. Diante disso, não me restou alternativa a não ser colocar uma escada na muralha e subir até o topo para visualizar os rapazes no pátio. Quando cheguei ao alto e pude vê-los reunidos em grupos, disse em bom tom:

— Parou! Chega! Domingo, dia de visita é dia de revirar a cadeia? As mães de vocês estão aqui fora, desesperadas. Voltem *pra* cela. Deixem os bombeiros apagarem o fogo e liberem os funcionários.

Dei as ordens, mas mal terminei de falar outro grupinho chamou minha atenção. Foi quando cometi um erro por falta de informação sobre aquela situação específica. Perdi a paciência e disse:

— Aí, moçada, assim não dá!

Quando chamei os caras de "moçada", a casa caiu. Eles começaram a me apedrejar, jogando tudo o que tinham em mãos, de modo que tive de descer da escada o mais rápido que pude. Logo em seguida, o diretor do presídio explicou o motivo de eu quase ter sido apedrejado.

— Comandante — ele disse —, o senhor falou uma palavra que não pode ser dita pra eles. "Moçada" vem de moça, e o pessoal não gosta. Tem que falar "rapaziada".

Só então eu subi novamente a escada, com mais cautela, e disse:

— Aí, rapaziada... — E assim consegui acalmar os rapazes e resolver a situação.

Nesse caso, aprendi algo além de uma nova maneira de tratar rapazes e moças. Aprenda a pensar com a cabeça do outro. É um erro pensar que todas as pessoas interpretam o mundo do mesmo modo como nós interpretamos. Nós até podemos ter gostos parecidos, as mesmas predileções, frequentar os mesmos lugares, nos vestirmos de modo parecido, nos interessarmos por coisas idênticas, mas, indiscutivelmente, somos pessoas distintas, com trajetórias, culturas, origem social e situações econômicas diferentes, e as nossas experiências familiares podem ser positivas ou negativas em inúmeros aspectos. Isso determinará o modo como reagiremos a uma palavra, a uma brincadeira ou a uma piada como *bullying* ou não, como preconceito ou não.

Registre e não perca de vista essa lição para um bom líder: aprenda a pensar com a cabeça do outro.

MANTER O CONTROLE

Os erros decorrentes da informação errada, desatualizada, pela falta de checagem ou das fontes confiáveis podem levar à tragédias. Isso mesmo, no plural: tragédias. Esses erros podem ocorrer diretamente relacionados à má informação ou à falta dela e isso pode criar um efeito em cascata, em que outros erros vão se somando até o desastre final ou até que se consiga reverter a ação que está provocando o efeito desastroso.

Outra situação que ilustra muito bem o que estou dizendo se deu em uma ocorrência bastante tensa em São Paulo e que muitos leitores vão se lembrar. Estou me referindo ao ano em que vinte e nove presídios se rebelaram simultaneamente no estado de São Paulo. Era preciso cobrir a situação na capital. Isso significava ter de entrar na Penitenciária do Estado. Naquele tempo, ainda havia o chamado Complexo do Carandiru. Hoje, somente a Penitenciária do Estado restou de todos aqueles prédios, sendo que uma parte foi destruída, a lateral da Casa de Detenção. A penitenciária ainda funciona.

VIRTUDES IMPORTANTES PARA UM LÍDER

Coube ao GATE intervir na rebelião que ocorria na penitenciária. Logo após receber a ordem para invadir, ainda durante o meu planejamento, cometi dois erros dos quais podemos extrair mais lições. Por se tratar de uma penitenciária, a informação que tínhamos era de que não havia arma de fogo. Penitenciárias, em geral, são instalações muito mais organizadas. Diferentemente de um Centro de Detenção Provisória, os CDPs, para onde são enviados os presos que irão cumprir prisão temporária, prisão preventiva, seja para depor, seja porque a permanência é curta. Assim, como dizemos, CDP é algo mais "zoneado", com um regime disciplinar mais solto.

Uma penitenciária é diferente. Por se tratar de um local de cumprimento de pena, os processos acusatórios com a respectiva imposição de penalidade já passaram e foram encerrados, transitram em julgado e resta aos presos cumprirem o seu tempo de reclusão. Assim, penitenciárias são mais organizadas e mais bem-arrumadas do ponto de vista de limpeza e organização.

O primeiro erro que cometi foi acreditar na informação de que não havia arma de fogo dentro do presídio. Não tínhamos motivo para duvidar disso, pois ela veio de uma fonte, em tese, segura e, aliado a isso, uma penitenciária sempre tem controles mais rigorosos quando comparada ao Centro de Detenção Provisória.

O segundo erro foi decorrente do primeiro. Autorizei uma coluna tática de onze policiais atrás de um único escudo balístico que deveria proteger apenas seis. As boas práticas recomendam seis homens atrás de um escudo, em que um é o escudeiro e cinco outros policiais o seguem em fila indiana. Dessa maneira, forma-se uma fila reta que consegue se manter sempre alinhada. Quando se colocam sete, oito ou mais homens, temos a formação do que chamamos "cobrinha". A fila de policiais faz curva e perde o ângulo de proteção do escudo. E com a formação da "cobrinha" os homens podem ser atingidos mais facilmente.

Entramos pelo corredor central que dá acesso às galerias, onde havia cerca de duas mil pessoas, entre funcionários, presos e familiares. Mais uma vez, a rebelião tinha acontecido em um dia de visita. Quando já estávamos dentro, ouvimos os barulhos de tiros e logo vi policiais começando a cair. Um deles levou um tiro na perna que lhe deu fratura exposta; outro policial foi atingido no peito, na altura do colete; um tiro passou pela minha calça e acertou a mão de um policial que estava atrás de mim.

A minha convicção de que estávamos sendo baleados rapidamente surgiu. Simplesmente porque havia homens armados lá dentro. A informação inicial de não haver armas de fogo surtia novos efeitos – e perigosos, por sinal.

Qual foi a minha ordem? Recuar! Recuar! Recuar!

O tiro de um policial do GATE tem endereço certo, por isso, eu não podia revidar a injusta agressão por diversas razões: havia mais gente além dos presos, nós não éramos chamados apenas para fuzilar, o que, aliás, era o procedimento e a cultura que estávamos combatendo. A principal lição era: é preciso manter o controle. Manter o controle está próximo de ter resiliência, mas não é exatamente a mesma coisa.

Resiliência, como vimos, é a situação permanente da "chapa quente", de suportar pressão e retornar ao estado inicial. Manter o controle é uma situação semelhante, só que em um grau maior. Manter o controle é o que deve ser feito na hora que você é vítima de agressão, quando levar uma pancada direta e certeira, diante de uma situação desconfortável ou deselegante, ou seja, quando uma agressão transfixa o CNPJ da empresa que você representa e atinge o seu CPF. Ao recebermos algo assim, que nos desconserta, nos surpreende e inverte a ordem das coisas conforme havíamos planejado, a primeira coisa que perdemos é a capacidade de raciocínio lógico e linear.

Só um bom líder conseguirá manter o controle numa situação dessas.

É por isso que a minha ordem foi dada no sentido contrário do que às vezes escuto em palestras: "Abrir fogo!", ou "caia, mas caia atirando". Não! No mundo corporativo não se usa a chamada "tática do leite moça", que funciona do seguinte modo: "Comigo é assim:

VIRTUDES IMPORTANTES PARA UM LÍDER

bateu, tomou", ou como se diz no futebol: "Você me deu na canela e eu te dou na correntinha".

Assim que recuamos, dei a ordem para que os feridos fossem socorridos. O policial que sofreu a fratura exposta foi para o hospital. Até o escudeiro precisou trocar de escudo. Aquele que foi atingido no colete, na altura do peito, ficou apenas com um vergão na pele, pois o projétil não transpassou totalmente a proteção balística. Eu perdi uma calça novinha e o policial que estava atrás de mim, que levou um tiro na mão esquerda, para "sorte" dele, já que não era canhoto, continuou na operação instantes depois.

RECONSIDERAR QUANDO NECESSÁRIO

Haverá dias em que você é quem faz mancada; dias em que você será o protagonista da bola fora e virará meme. Então, qual é o problema de usarmos a palavra-chave "desculpa"? No ambiente corporativo, desculpar-se é como ter de dar um passo para trás, voltar para que os feridos sejam atendidos. A rebelião está acontecendo, mas ela não será resolvida a todo custo. A tropa vem primeiro; as pessoas da nossa equipe são a prioridade número um. Não deu da primeira vez? Marque a reunião para outro dia, mas priorize salvar todos os integrantes do time e os recursos. Retome o planejamento e a ação.

Liderar é construir pontes, não criar muros. Portanto, é importante termos consciência de que dar um passinho para trás e reconsiderar quando for necessário poderá ser a melhor estratégia: a estratégia que demonstrará se você conhece bem o seu negócio, sabe dos seus limites e tem consciência de que um passo para trás poderá dar a você e sua equipe o impulso necessário para ir mais longe quando retomar a ação.

Sobre a rebelião na penitenciária, depois de retomarmos a operação, a situação foi controlada sem maiores consequências.

CUMPRIR O COMBINADO

Mais uma ocorrência me trouxe um aprendizado importante. Dois criminosos foram levados para depor, conseguiram dominar os dois agentes que os conduziam e os fizeram reféns, tudo isso em uma viatura policial. Ficaram os quatro confinados dentro do camburão. Meus colegas de área, os "clínicos gerais", foram até lá e não conseguiram resolver o caso, por isso chamaram os especialistas.

Era um dia de calor infernal em São Paulo. Eu me aproximei da viatura e abri o camburão, vendo uma arma que eles haviam improvisado. Era uma arma branca, feita com uma barra de ferro da cela. Os presos, quando ficam sem atividade, têm tempo para serrar uma barra e depois a afiam. Eles chamam essa arma artesanal de "naifa", que é uma inspiração da palavra inglesa *knife*, que significa faca.

Quando abri o camburão, um deles falou:

— Aí, comandante, descola uma garrafa de água que eu libero um funcionário.

Óbvio que achei vantajoso trocar um funcionário por uma garrafinha de água e cedi ao primeiro pedido do criminoso. Ele prontamente liberou um dos reféns. De duas vidas que estavam em risco, passei a ter apenas uma pela qual negociar.

Os criminosos tinham vindo da cadeia de Pinheiros, bairro da Zona Oeste de São Paulo. Um deles disse:

— Comandante, a parada é a seguinte: a gente queria fugir, mas deu tudo errado. Descola uma transferência para a cadeia da Praia Grande (litoral sul de São Paulo), que a gente libera o outro funcionário.

Achei um tanto inusitado aquele pedido de transferência para a Praia Grande. Então perguntei a ele qual era o motivo do pedido. E ele respondeu:

— Porque somos de lá. Viemos roubar aqui em São Paulo e fomos presos. A nossa família tem muita dificuldade pra nos visitar aqui, porque somos pobres demais para pagar o ônibus. Se a gente for transferido para lá, a nossa vida fica menos pior.

VIRTUDES IMPORTANTES PARA UM LÍDER

Achei bastante estranho o pedido, porém razoável, mas eu não tinha poder de decisão, até porque o presídio de destino era coordenado por outra autoridade de outro setor. E as coisas não eram tão simples de ser resolvidas.

Então fui falar com o diretor do presídio de Pinheiros para tentar a solução do impasse.

— Diretor, estão me propondo algo inusitado. Uma transferência para a Praia Grande. Que te parece?

— Comandante, é isso que eles querem? Um telefonema, e eu consigo duas vagas lá.

Respondi positivamente e continuei a negociação com os presos no camburão até a chegada da decisão. Ao que tudo indicava, seria adquirida com alguma facilidade.

Retornei para o local da ocorrência e fiz o quê? Bem, eu não poderia chegar todo feliz e dizer que tinha conseguido atender ao pedido. Se fizesse isso e mostrasse a facilidade com a qual suas exigências tinham sido atendidas, logo apareceriam outras demandas, como "agora quero sair de helicóptero, mas antes quero um refrigerante gelado" e tantas outras. Por isso é preciso valorizar o que se tem à mão. Faz sentido para você?

Estamos diante de um caso que nos fala sobre necessidades e desejos. Necessidade envolve o elemento vital, a condição *sine qua non*, a ferramenta de trabalho. Desejo é tudo aquilo que é supérfluo e cosmético na hora da negociação. É bijuteria e não deve entrar na pauta. Por isso o conselho: tome cuidado ao explorar o que é necessário e separar o que é meramente um desejo.

De posse da informação dada pelo diretor, cheguei até os dois presos e fui explorar o caso, porque havia dois deles. Confirmei com ambos e disse que ainda estávamos tentando. Dei uma embelezada no negócio. Falei que primeiro iria sair o funcionário, depois eles deixariam a faca e seriam revistados. Aos poucos, fui informando o que eles deveriam fazer até conquistarem o que haviam pedido.

Algum tempo depois, o funcionário foi libertado, os caras saíram em seguida e fizeram todos os procedimentos conforme eu os havia alertado, sendo encaminhados para seguir viagem.

Então fiquei sabendo que eles estavam voltando para o mesmo xadrez de Pinheiros. Restou-me ir falar com o diretor do presídio. quando o questionei sobre o motivo da mudança de planos. Ao que ele respondeu:

— Comandante, isso é um preciosismo da sua parte.

Respondi prontamente que não, que não se tratava de preciosismo, porque foi o que eu havia combinado. A palavra de um líder não faz curva. Um líder não chuta a bola nas costas de seus parceiros. Sabe o que isso significa, não é? Que não se deve prometer uma coisa e não cumpri-la, nem mesmo fazer diferente do combinado.

Admito que podem ocorrer situações que vão além da nossa capacidade de cumprir o combinado; imprevistos acontecem. Se for o caso, você deverá ser o primeiro a avisar ao seu cliente. Seja o primeiro a dar a notícia e, se possível, se for necessário, vá preparado com uma compensação para não deixar criar um vácuo de confiança, porque são coisas assim que destroem uma relação de confiança, que, de outro modo, poderia ter dado bons frutos.

Finalmente, os dois presos foram parar na Praia Grande, escoltados por nós, do GATE. Um líder sempre cumpre o combinado.

CREDIBILIDADE

Trata-se da virtude de um líder e também de um rótulo desejado por qualquer empresa de alta performance.

Durante a minha gestão no GATE, além de participar de diversas operações e aprender lições importantes de liderança, compartilhadas neste capítulo, tive o privilégio de experimentar uma situação antológica e impactante que impulsionou o GATE a outro nível de excelência no cumprimento das missões.

Uma ocorrência trouxe o presente derradeiro. Começou de forma semelhante a todas as outras que comentei, repetiu o mesmo *modus operandi*: alguns sujeitos vão tentar roubar, o plano deles não dá certo, então eles fazem reféns para garantir a própria vida... Os policiais "clínicos gerais" vão até o local e tentam resolver, sem sucesso; por isso eles precisam chamar os especialistas, e lá vamos nós, a minha equipe e eu. Tudo igualzinho, como sempre.

Havia um negociador da área, e decidi substituí-lo por um negociador do GATE. E disse ao policial da área:

— Vá até lá e fale para eles que o secretário ficou sabendo da ocorrência e mandou o pessoal do GATE para cá.

Os criminosos ouviram e disseram:

— O pessoal do GATE está aí? Manda o pessoal do GATE subir. Eles são firmeza, porque com eles a palavra não faz curva.

Quando o criminoso disse isso, fui até o local tomado de emoção e fiz duas coisas, uma delas que a boa prática manda fazer. Quando a pessoa do outro lado da mesa dá uma bola dentro, demonstra uma percepção de que as coisas podem progredir, a gente dá um elogio, um reforço positivo. Então, seguindo a boa prática de liderança, eu disse ao sargento para dar um reforço positivo para o criminoso. O sargento respondeu:

— Legal, é isso que nós queremos. Terminar isso numa boa para todo mundo.

A segunda coisa que fiz, e que não está nos manuais das boas práticas, mas a situação permitia que fizesse, devido ao controle que tínhamos da situação e que eu não resisti, foi solicitar uma pergunta diretamente para o criminoso, "atravessando" a situação. Aquilo para mim era o sonho pessoal. Então, perguntei por que ele estava falando que queria negociar com o GATE. E o sargento, na maior simplicidade, perguntou:

— Você conhece o pessoal do GATE?

E a resposta foi:

— Eu, não, mas um amigo, um companheiro meu que estava numa parada dessas teve um combinado com o GATE e o combinado foi cumprido, a palavra não fez curva.

Até bandido tem *benchmarking*. Desse modo, deixarei a última lição que posso transmitir: um líder precisa ter credibilidade.

A credibilidade é a cereja do bolo, a preciosa virtude que o líder adquire ao longo de uma extensa jornada, e ela é o que precisamos para consolidar as demais características positivas e o virtuosismo do profissional talentoso. A credibilidade é uma qualidade que não se alcança nos bancos escolares ou nos *workshops* de treinamento com os maiores gurus, porque ela vem com o tempo e com o caráter e não há outro meio de obtê-la. A credibilidade demora muito para ser conquistada e talvez seja a característica que se perde com maior facilidade quando a nossa palavra não é cumprida.

A credibilidade é o maior patrimônio de um líder, de uma pessoa, de um profissional e de uma empresa. Procure não deixar que nada afete a credibilidade que você tem e que as pessoas atribuem a você, porque seguramente ela é o seu patrimônio valiosíssimo.

CONSIDERAÇÕES FINAIS

Todos esses valores e experiências que relatei neste livro são pertinentes às tropas de elite, mas tenho convicção de que são perfeitamente aplicáveis ao mundo corporativo nas empresas de alta performance.

Faço uma provocação para você, que trabalha em uma empresa de alta performance, dorme pouco, abraça uma causa, um objetivo de vida, que faz a diferença e que se dedica verdadeiramente: será que o *payback* da sua empresa, em termos de rendimentos, benefícios, bônus, *status*, ou qualquer outra coisa, compensa quando as pessoas amadas são colocadas do outro lado da balança?

Pense nas horas extras que ficou trabalhando, nas noites de sono que foram ou são perdidas por causa do trabalho que precisa ser entregue, o relatório, o planejamento, a apresentação. Será que fecha a conta? Ouso dizer que a resposta é *não*.

Então, você poderá pensar: "E agora, Lucca, como eu saio dessa enrascada?". Vou dar a fórmula para você, a mesma que usei para mim mesmo. Quando paro e penso que o meu trabalho pode colocar um sorriso no rosto de alguém que eu não conheço, no rosto de alguém que talvez nunca poderá me agradecer, é aí que as coisas mudam de figura, é aí que as coisas passam a valer a pena.

Quando você parar para pensar que o seu trabalho pode dar emprego para várias pessoas, que o seu trabalho pode estar ajudando o nosso país como o meu trabalho ajuda, você mudará a sua perspectiva.

Quando fui a uma usina em Rondônia dar uma palestra, fiz a seguinte pergunta a um funcionário: "Qual é a sua missão aqui?". E ele respondeu: "A minha missão é produzir energia". Então respondi: "Não, meu amigo. Essa é a sua tarefa. A sua missão é fazer com que o brasileiro, que está a dois mil quilômetros de distância daqui, possa abrir o chuveiro e tomar um banho quente pela primeira vez na vida".

Quando você começa a ver as coisas nessa perspectiva, é aí que a vida dura e exigente que levamos começa a valer a pena e a fazer sentido. Muito mais do que os valores e as demais reflexões deste livro, lembre-se sempre de duas palavras importantes: felicidade e respeito. No fundo, o nosso trabalho serve para quebrar o galho de alguém, de alguns ou de milhares. A vida vale a pena quando vemos essas pessoas sorrindo e tendo uma vida melhor, porque se a gente ficar com o olhar fixo apenas naquilo que recebemos diretamente, que é o *payback* de cada um, seguramente vamos nos questionar, mais cedo ou mais tarde, se realmente está valendo a pena. Por outro lado, quando transcendemos essa situação e ultrapassamos a dimensão imediata, as coisas começam a fazer sentido e a mudar de forma.

Portanto, vá e vença, que por vencido ninguém o reconheça.

CONHEÇA TAMBÉM:

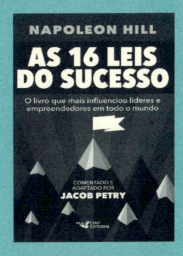

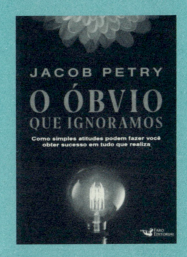

ASSINE NOSSA NEWSLETTER E RECEBA INFORMAÇÕES DE TODOS OS LANÇAMENTOS

www.faroeditorial.com.br

CAMPANHA

Há um grande número de portadores do vírus HIV e de hepatite que não se trata. Gratuito e sigiloso, fazer o teste de HIV e hepatite é mais rápido do que ler um livro. FAÇA O TESTE. NÃO FIQUE NA DÚVIDA!

ESTA OBRA FOI IMPRESSA EM MAIO DE 2021